中国史速读

至尊红颜

覃仕勇 著

台海出版社

图书在版编目（CIP）数据

中国史速读. 至尊红颜 / 覃仕勇著 . -- 北京：台
海出版社，2020.10

ISBN 978-7-5168-2718-5

Ⅰ.①中… Ⅱ.①覃… Ⅲ.①中国历史—通俗读物
Ⅳ.① K209

中国版本图书馆 CIP 数据核字（2020）第 169380 号

中国史速读. 至尊红颜

著　　者：覃仕勇

出 版 人：蔡　旭　　　　　　　　　封面设计：末末美书
责任编辑：员晓博

出版发行：台海出版社
地　　址：北京市东城区景山东街 20 号　邮政编码：100009
电　　话：010-64041652（发行，邮购）
传　　真：010-84045799（总编室）
网　　址：www.taimeng.org.cn/thcbs/default.htm
E - m a i l：thcbs@126.com

经　　销：全国各地新华书店
印　　刷：天津旭非印刷有限公司
本书如有破损、缺页、装订错误，请与本社联系调换

开　　本：710 毫米 × 1000 毫米　　　1/16
字　　数：196 千字　　　　　　　　印　张：15
版　　次：2020 年 10 月第 1 版　　　印　次：2020 年 10 月第 1 次印刷
书　　号：ISBN 978-7-5168-2718-5

定　　价：50.00 元

王权没有永恒，城墙终将破裂。

前言

说起来有点难为情，我能与史学和文学结缘，并且乐于其中而不知疲，最先是与一套连环画有关。

这事儿得从那个遥远的夏天说起。

喏，是这样，父亲是我们镇上高中的语文老师。

那年夏天，父亲被安排到县城改试卷——大概是改中考试卷，我那时年纪小，并不是很关心这方面的东西。

也因为年纪小，家里正忙着收割稻谷，然后是割蔗叶、拔花生等一系列农活，母亲无暇照顾，父亲干脆带着我一起到县城了。

家离县城并不远，也就十多公里路，但对当时的我来说，上一趟县城等于过一次节，那种欢乐是难以描述的。

那天父亲挑着一大担蔗叶从甘蔗地里回来，浑身大汗，他匆匆冲洗了一下，换了衣服，然后找了几件他和我的换洗衣服放铝桶里让我提着，推出自行车，等我爬上车的后座就出发了。

父亲改试卷的地点是在县第一重点高中，食宿也在校园里。

因为放暑假，偌大的校园静悄悄的。

差不多到了傍晚，各乡镇中学前来参加改试卷的老师陆续前来报到，寂静的校园才有了点生气。

食堂里的晚饭是按份儿分好的快餐式的，每位参加改卷的老师只能领一份儿，我父子两人在别人异样的目光中共用一份儿。

和家里一天到晚吃的咸菜相比，食堂里的豆芽炒肉丝实在是难得的美味，我吃得津津有味，也顾不上父亲饿不饿，大口大口地往嘴里扒拉。

父亲不吃，在一旁用慈爱的目光看着我，等我摸摸肚子说"饱了"，他才接过筷子，把我吃剩下的饭菜一扫而光。

父亲在县城改卷的日子大概有四五日，这四五日的每一餐都是如此。

我猜，父亲在这四五日的时间里，应该没吃过一餐饱饭。

现在想起那时候的情景，眼泪总是止不住地流。

父爱如山，这辈子是报答不完的。

吃了晚饭，父亲拖着我的小手上街市瞎逛，看各种新奇的事物——其实，别的不说，单是县城夜市的热闹，就让生活在乡下的我惊叹不已了。

和父亲在一起的时光是快乐的。

第二天一早，吃过早餐，父亲去改卷了，宿舍里就剩下了我孤零零的一个人。

静。不但整个宿舍楼静，整个校园都静。我在校园里游来荡去，罕有人的影迹。

在一个荷塘边，我遇上了一群年纪和我相仿的小孩。

他们在钓鱼，远远见了我，欺生，朝我扔石子，嘴里发出了类似驱猪赶狗的怪叫声。

他们从衣着上就判断出了我是一个乡下来的野孩子，不许我跟他们一起。

既然这样，就回宿舍睡觉吧，但睡不着，愈加无聊透顶。

双眼瞪着头顶的蚊帐发愣，想象着母亲带着仅仅比我大两岁和四岁的两个姐姐在田里劳作的情形，心想："还不如在家里和她们在一起呢。"

好不容易，到了午饭时间，父亲回来了。

吃过午饭，其他同来改卷的老师准备午睡了，父亲也准备午睡，已经憋闷坏的我不依不饶，吵着闹着要父亲陪我上街。

同住一间宿舍的几位老师，都来自不同乡镇的不同学校，互相不认识。父亲也不好意思因为我的吵闹而影响到他们的休息，只好强打起精神陪我逛街。

这次逛街父亲多了个心眼儿，他带我到新华书店买了好几本连环画。

这几本连环画是上海美术出版社出版的《三国演义》系列，全套有四十八册。

当时书店只有《桃园结义》《走马荐诸葛》《三顾茅庐》《长坂坡》《赤壁大战》《反西凉》这几册在卖，父亲一股脑儿全买了。

有了这几本连环画为伴，我不再吵闹也不怎么出门，一天到晚躲在宿舍里的床上来回反复地翻看。

同宿舍的那几位老师，渐渐和父亲熟悉了，开起了玩笑："你这个儿子是不是有些问题？是普通的孤僻还是严重的自闭？也不出门，要不要找心理医生看下？"

父亲笑而不答。

父亲每次改试卷回来，都会带回些稿纸，还有圆珠笔芯儿，红的。

我不但反复哑摸翻看那几本连环画，还把书本上的画儿放大临摹。父亲的改卷工作结束后，我小心翼翼地收藏好那几本连环画，和衣服一起放进桶里，把那些临摹的画儿散落了一床。

回家之后，那几本连环画仍是我心爱之物，但只得这几册，故事残缺意不能尽，于是每到放学，我都会到镇上的书店去搜索一番。

现在书店里的书，都一本本竖放在林立的书架上，供顾客任意翻看。那个年代书店是国营的，书的销售量与营业员的收入不挂钩，书都被高置在靠墙的书架上，封面向外，让顾客辨识，但书架前都用安装了玻璃罩保护着的书柜隔开，书柜前又安装了铁栏栅，既保护了玻璃柜，又避免顾客够着书。

这个格局，除了那道铁栏栅，大致跟今天珠宝商店相似。

那些热门书籍以及小孩喜欢的连环画，都像珠宝一样被放置在玻璃柜里静静地躺着。

因为年纪小、个子矮，又隔着铁栏栅，我根本看不清玻璃柜里的书。

没办法，只好和其他小朋友一样，攀上铁栏栅，目光不断打量和浏览里面各样书籍的封面，一旦看中了自己喜欢的，就连跑带跳地回家央求大人来买。

这样我不但集齐了《三国演义》连环画系列，还集了《水浒传》《红楼梦》《西游记》《说岳全传》《东周列国志》等连环画系列。

时间过了一两年。

有一天，父亲从学校回来，严肃地对我说："你现在识字不少了，不要再看连环画了，要看大人书了。"说完从他的挎包里掏出了罗贯中的《三国演义》原著和施耐庵的《水浒传》原著递给我。

因连环画对书里面的情节已交代清楚，我阅读这两部书并不费力。

读书是个非常愉悦的过程。

不知不觉，我已与文学有染。

我从文学移情到史学，是被清代学者章学诚评价《三国演义》说的"七分史实，三分虚构"这句话勾引起的。

三国故事中，哪些是"史实"，哪些是"虚构"呢？

我找来了陈寿的《三国志》，对比着罗贯中的《三国演义》来读，乐趣更多，兴头更足。

文学史学的书籍读多了，不免就有了表达的欲望。

这些年来，我写的通俗史学书籍，不知不觉已经有三十多种了。

在读书写书过程中，我发现了很多有趣好玩的历史人物和历史事件，现在把它们收集起来结成册，于是有了《中国史速读：皇权相权》和《中国史速读：至尊红颜》。是为序。

覃仕勇

2020年4月25日

目录

妇好
领兵打下了江山，丈夫却把她许配给祖辈

我们常说中华上下五千年，也就是说中华民族有五千多年的发展史，但一些西方人士提出质疑。他们认为中国顶多就是三千多年的历史，因为所谓四千多年前关于黄帝的历史只是神话传说，中国专家公布的《夏商周年表》中把夏代始年定为公元前2070年也是不靠谱的，甚至根本就不存在夏、商这两个朝代。

要证明这一点，就必须有那个时候存留下来的物证。

20世纪，我国考古工作人员在河南安阳小屯村陆续发掘出了殷墟，十一位曾定居安阳的商王大墓仅剩了十一座空陵。

万幸的是，人们在殷墟中陆续发现了一万七千多块龟骨，这些龟骨几乎全部出自商高宗武丁一朝。

武丁是商代第二十三任君主，开创"武丁盛世"，属于比较有作为的君主。

在这些出土的龟骨中，有两百多块以甲骨文记载了一个叫"妇好"的女子的事迹。妇好是武丁的王后，原是商王国周边部落的母系部族首领，能征惯战、谋略过人，嫁给武丁后成为商王朝的统帅，领兵征战四方，依次击败了北

土方、南夷国、南巴方以及鬼方等二十多个小国，为商王朝开疆拓土立下了不朽战功，是中国历史上有据可查的第一位女性军事统帅和女政治家。

妇好并非姓"妇"，"妇"是一种尊称；又因她战功彪炳，获武丁册封封地，在自己的封地上，得到了"好"的氏名，从而被人们尊称为"妇好"，或者"后母辛"。商朝是个既崇尚武力，又迷信鬼神的国家，所谓"国之大事，在祀与戎"，妇好执掌国家兵权，又担任国家的祭司，经常受命主持祭天、祭先祖、祭神泉等各类祭典，主持占卜国家大事，称得上商国的第一实力派。可惜的是，这样一个女强人，却在三十三岁时因难产去世。武丁赐妇好庙号为"辛"，商王朝的后人们则尊称妇好为"母辛""后母辛"。

商朝的武功以武丁时代最盛，妇好带兵东征西讨通过一连串战争将商朝的版图扩大了数倍。武丁先后立过三个皇后，妇好是他的原配之一，她不仅是他的妻子，还是他的战将和臣僚。

甲骨文资料中有一片卜辞曰："辛巳卜，贞，登妇好三千，𢦏旅万，乎伐羌。"

根据这片卜辞可知，妇好领兵一万三千多人出征羌方（那时作战规模不会太大，参战人数一般也就上千人），伐羌之战可以说女将妇好是执掌了倾国兵力，可见商代贵族妇女的社会地位之高。

在商代，人们迷信鬼神和天命，他们认为人世间的一切都取决于上天、神灵和祖先，妇好死后，武丁对爱妻的离开难以释怀，多次为妇好举行冥婚，让妻子改嫁给已经去世的商代贤王，想让他们在阴世保护他的妻子。武丁先把妇好许配给商王朝的第十四代帝王祖乙，后来觉得不过瘾，又让爱妻与祖乙离婚，改嫁给商王朝的第五代帝王太甲，最后干脆把妇好配给了商王朝的开国国君成汤。

武丁的解释是，自己太爱妇好了，生怕妇好在阴间被别人欺负，把她许配给先祖，是让她得到保护。

可是，真是这样的吗？

事实上，武丁有六十多个妻子，妇好只不过是其中之一。而且他们结婚后，并不经常住在一起，妇好的绝大部分时间是待在自己的封地上，经营自己的封地。

也许奴隶社会国王与王后的爱情，只能倒回那个时代才能真正断定吧！

夏姬
灭国破陈，走二大夫，魅力无边

夏姬是春秋时期郑国公主，她的父亲是郑穆公，母亲为少妃姚子。

她的名为少（上孔下皿），因为嫁给封地位于株邑（今河南柘城县）的陈国司马夏御叔为妻，被称为"夏姬"。

夏姬与御叔生有一子，名夏徵舒。

夏姬一生的情海波澜诡谲，让人瞠目结舌。

其实，在未嫁御叔之前，尚待字闺中的时候，她就和她的庶兄哥哥公子蛮勾搭上了。

公子蛮短命，和夏姬厮混不满三年，就死了。后来夏姬远嫁陈国大夫夏御叔，不到九个月生下了"来历暧昧"的儿子夏徵舒，儿子十二岁那年，正值壮年的夏御叔离奇死了，夏姬成了寡妇。

很多人怀疑，御叔死于夏姬的"采补之术"，言外之意，夏姬是红颜祸水。

俗话说，寡妇门前是非多，尤其是夏姬这样风情万种的寡妇。

楚庄王三年（公元前615年），隐居株邑的夏姬虽然是年过三十的寡妇，却仍风韵犹存，很多心怀不轨的男人时常借着朦胧的月色，在夏姬的院门和窗前徘徊，寻找机会。

这些男人中，陈国的两位高级文官孔宁和仪行父，以及陈国国君陈灵公幸运地成了夏姬的"床幕之宾"。

让人难以置信的是，因为夏姬的缘故，陈灵公君臣三人竟然更加团结了，他们因为有了共同的追求、爱好和话题，成为无话不谈的莫逆之交。

夏姬给陈灵公送了一件自己的汗衫，给仪行父送了一件碧罗襦，给孔宁送了一件锦裆。

君臣三人甭提多高兴了，他们"皆衷其衵服，以戏于朝"。

得意忘形之余，他们还当着夏徵舒的面戏称他为"公子"，意思是说这个小家伙儿是他们公共的儿子。

夏徵舒一天天长大，长到十八岁，袭父司马官职执掌兵权，无法忍受旁人的风言风语，他安排好射手等这三人来自己家找乐子的时候，开弓一顿好射。

陈灵公体胖跑不快，当场毙命。

公孙宁和仪行父两人溜得快，侥幸躲开了夏徵舒的猎杀。

夏徵舒射杀了陈灵公，和大臣们立太子午为新君，是为陈成公。这一年是公元前599年，楚庄王想要称霸诸国的野心已狰狞毕现。

公孙宁与仪行父逃到楚国，向楚庄王控告夏徵舒的"弑乱"行为。

楚庄王正想找个机会来展示实力，威服天下。他以平乱为借口，出兵讨伐陈国。由于陈成公去晋国还没回来，小小的陈国一下子就被强大的楚国灭亡了。

楚庄王对夏徵舒处以车裂酷刑，掳走了夏姬，并将陈国的土地和臣民并入了楚国的版图，可谓钵满盆满，乐不可支。

夏姬虽已是年近不惑的妇人了，却依旧把楚庄王迷得神魂颠倒的。

楚国的重臣、庄王的智囊、被封为申公的屈巫看不过眼，对庄王说："君召诸侯，以讨罪也。今纳夏姬，贪其色也。贪色为淫，淫为大罚。"

楚庄王是个有追求的人，他听了屈巫的一番话深以为然，决定挥慧剑斩情丝。

王子熊审早就垂涎夏姬的美貌，趁机请求父王把夏姬赏给自己做偏房。屈巫又摇动他的乌鸦舌进行制止，说夏姬是个不祥之物，如果娶她一定会给国家带来祸患。楚庄王于是拒绝王子熊审的请求。

看到楚庄王这样言听计从，一丝不易被人觉察的笑意闪过了屈巫苍老的面庞。熊审敏锐地捕捉到了这缕笑意，看穿了隐藏在这缕笑意里的私心，立刻向父王表示："我不能得到她，屈巫也不能得到她。"

屈巫的笑意凝结，脸色变得很难看。

处于空窗期的夏姬最终被武将连伊襄老得到。

楚庄王没有理由不成全他——他的原配妻子在夏姬入楚前死了，急需续弦。

可连伊襄老刚得到夏姬舒服了才两年，就在邲城之战中战死了。

连伊襄老和前妻生育有一个儿子，名叫黑腰，他顾不上去把父亲的尸体接回，就迫不及待地和夏姬出双人对了。

夏姬因此被称为"不祥""祸乱"之人，因为名声很臭，后来被楚国有识之士强烈要求遣送回了郑国。

时光匆匆，不知不觉地过了十几年。

公元前589年，齐国与晋国在鞍邑（今山东省济南市西北）会战，齐国大败，向楚庄王寻求帮助，楚庄王派人去齐国缔约。

屈巫表现得很踊跃，强烈要求不辞劳苦前往。

在经过郑国的时候，屈巫的私心一下子暴露无遗，他手脚麻利地找到了夏姬，和夏姬共浴爱河乐不思蜀，把到齐国缔约的事忘得干干净净。

楚庄王久盼屈巫不归，派人四处寻找。

屈巫这才从梦中惊醒，不能再回楚国，就携带夏姬投了晋国。

楚庄王和熊审回过神来妒火中烧，把屈巫留在楚国的家族不分男女老幼全体处斩。甚至曾经与夏姬出双入对的黑腰，也不能逃过惩罚之剑，脑袋搬家身首异处。

屈巫是楚庄王的智囊，闻名天下。晋国喜出望外，用高规格接待了他。

屈巫为了夏姬，舍家抛业，弃妻别子，终于在花甲之年圆梦于异国他乡。

不得不说，夏姬作为一个女人，魅力实在是太强大了。

刘向在《列女传》中由衷地感慨说："夏姬好美，灭国破陈，走二大夫，杀子之身，殆误楚庄，败乱巫臣，子反悔惧，申公族分。"

西施
你所不知道的西施，足以颠覆你的三观

大家都知道西施是春秋末年越国句无苎萝村西村（今浙江绍兴诸暨）的浣纱美女，被越王勾践进献到吴国，目的是以美色迷乱吴王夫差的心智，使之沉

迷其中，荒废政事。西施姿容绝代，入吴后轻而易举地俘获了吴王夫差的心，从而帮助越国顺利地灭掉了吴国。

但是关于史书上所记载的西施种种行迹，许多人只知其一，不知其二。

首先，这个故事里的"浣纱美女"的原名并不叫西施。

西施其实是一个生活在春秋初期或更早一些时代的美女，与另一个叫毛嫱的美女齐名，这个可以从《管子·小称》上记的"毛嫱、西施，天下之美人也"一语可以得知。

《管子》为管仲及其弟子所著，管仲是东周初期春秋五霸齐桓公的得力助手，大约生于公元前725年，卒于公元前645年。而越王勾践生于约公元前520年，卒于公元前465年，也就是说，美女毛嫱、西施是早于勾践时代两百多年就出现的人物。

相较而言，毛嫱应该比西施更美。

《管子·小称》在提到毛嫱和西施时，就把毛嫱放在前面，西施放在后面。《慎子·威德》也是如此说："毛嫱、西施，天下之至姣也。"《韩非子·显学》同样说："故善毛嫱、西施之美，无益吾面，用脂泽粉黛，则倍其初。"《淮南子》也说："虽有毛嫱、西施之色，不知悦也。"其余诸如《尸子》"人之欲见毛嫱、西施，美其面也"，《战国策·齐策四》"世无毛嫱、西施，王宫已充矣"，《焦氏易林》卷十二"毛嫱、西施，求事必得"等，也莫不如此。

《庄子》甚至不提西施只提毛嫱："毛嫱，丽姬，人之所美也，鱼见之深入，鸟见之高飞，麋鹿见之决骤，四者孰知天下之正色哉？"

庄子原意是说动物不能感受人的美貌，后人却反借其语称毛嫱的美貌：沉鱼落雁。

当然，也有人认为毛嫱、西施其实都不存在，只是古人对美女的泛称。

但不管怎么样，经过勾践施"美人计"一事，西施就成为另一个特定女人的名字；而在汉元帝和亲之后，毛嫱的名字"嫱"，则成了一个姓王的女子的偏名。

再有，勾践施"美人计"中的故事主角西施，其最先的身份并不是浣纱女，而是"苎罗山鬻薪之女"。

按照《吴越春秋·勾践阴谋外传》的说法，勾践采纳了大夫文种"遣美女以惑其心而乱其谋"的策略，"使相者国中，得苎罗山鬻薪之女"，即西施不是生活在水泽边的浣纱女，而是深山老林中的砍柴妹。

还有，勾践找来行"美人计"的女子并不是一个而是两个，勾践分别用古代美女的名字西施、郑旦来给她俩命名。喏！从今天起，你叫西施，你叫郑旦！

砍柴妹的砍柴身份未免让人感到粗鄙，所以勾践改变她们的身份为浣纱女。

回头勾践让大夫范蠡对西施、郑旦进行歌舞、步履、礼仪等训练，"饰以罗縠，教以容步，习于土城，临于都巷，三年学服而献于吴"。

在长达三年的声色、歌舞培训中，培训师范蠡和美女特工西施长期接触，日久生情，双双坠入爱河。

三年培训期满，西施必须入吴。

但范蠡"暗度陈仓"，西施已"珠胎暗结"，丑事一旦败露他们俩将出现两尸三命的局面。

为此，范蠡主动要求充当护送大使，一路磨磨蹭蹭，因循延宕。

《汉唐地理书钞》所辑《吴地记》记："（嘉兴）县南一百里有语儿亭，勾践令范蠡取西施以献夫差，西施于路与范蠡潜通，三年始达于吴，遂生一子。至此亭，其子一岁能言，因名语儿亭。"

也就是说，在从会稽到苏州的两三百里路途中，西施产下了一子。当到达现今嘉兴南部一百里处，孩子已经会说话了。路边的亭子就被当地民众叫作"语儿亭"。

吴王夫差终于见了西施、郑旦两人，神魂颠倒如醉如痴，收西施于姑苏台，收郑旦于吴宫。

奇怪的是，郑旦本来扮演的是使者和间谍的角色，却"郁郁不得志，经年而死"，吴王夫差哀不自胜，把她礼葬于黄茅山。

史官称，郑旦之死，乃"妒西施之宠"。

郑旦，一个本来就和西施并列，完全可以跻身中国古代"五大美女"的如花美女，就这样香消玉殒了。

和郑旦相比较，西施显得老练和成熟多了。她保持着应有的冷静，不屈不挠地贯彻执行自己的使命，蛊惑吴王夫差把国事都交给了没有能力的太宰嚭处理，又不断离间伍子胥和夫差的关系。

西施的美色最终害死了吴王夫差。

夫差丧失了基本的分析能力，对西施的话言听计从，逼死了伍子胥又盲目和齐国开战，在诸侯国中屡屡树敌。

公元前473年，是一个大旱之年，吴国国力已江河日下。

越国悍然出兵，攻占了吴国都城姑苏，灭掉了吴国，夫差在笠泽（今江苏吴淞江）自刎身亡。

勾践灭了吴国后，《史记·越王勾践世家》记载了范蠡在越国举国欢腾时的反常表现："浮海出齐，变姓名，自谓鸱夷子皮。"

在胜利面前，范蠡体味出了里面隐藏的危险："飞鸟尽，良弓藏；狡兔死，走狗烹。"所以他埋名隐姓，隐退山林。

范蠡变更后的姓名很耐人寻味：鸱夷子皮。

啥意思？

"鸱夷"本指夏商时青铜所制的鸟形盛酒容器。到了春秋战国时期，盛酒容器多用皮革制成，但仍称之为"鸱夷"。清人黎士宏《仁恕堂笔记》记载："秦巩间人，割牛羊去其首，剜肉空中为皮袋，大者受一石，小者受二三斗，俗曰混沌，即古之鸱夷。"所以鸱夷的意思就是用一整张牛羊皮做的皮袋。又由于《吴越春秋·夫差内传》里面的记载："吴王乃取子胥尸，盛以鸱夷之器，投之于江中。"即吴王夫差把伍子胥的尸体装在鸱夷之器里投江，因此，"鸱夷"也成了伍子胥的代称。

据此，唐人司马贞的《史记索引》解释说："鸱夷子皮，范蠡自谓也。盖以吴王杀子胥而盛鸱夷，今蠡自以有罪，故为号也。"

也就是说，范蠡改姓名为"鸱夷子皮"，一方面是纪念朋友和对手伍子胥，另一方面是在越王勾践面前谦称自己是越国的罪臣。

范蠡退隐前夕，还留下了一封书信给好友文种："越王为人长颈鸟喙，可与共患难，不可与共乐。"劝文种及时抽身。

可惜，文种贪恋高官厚禄不肯离去，后来果真被勾践赐死。

勾践赐剑给文种自刎时，极为卑鄙无耻地说："子教寡人伐吴七术，寡人用其三而败吴，其四在子，子为我从先王试之。"

共同策划并实施"美人计"的几个人中，下场最惨的是西施。

《吴越春秋·佚文》记："吴亡后，越浮西施于江，令随鸱夷以终。"即吴国灭亡后，越王把西施装在皮袋里沉到江里去了。

因此《墨子·亲士》说："比干之殪，其抗也；孟贲之死，其勇也；西施之沉，其美也；吴起之裂，其事也。"所谓红颜薄命，西施被沉，就因为她太美丽了。太美丽就会被沉，这是什么逻辑呢？

原来越国取得胜利后，越王看中了西施的美貌想要将她收入后宫，西施的初恋范蠡坚决反对，他大义凛然地要越王吸取吴王教训，不能被美色诱惑。他设下计策，派人用越王的车把西施诓到太湖，再把她骗上船，将她溺死于太湖碧波之中。

范蠡更名"鸱夷子皮"，其实也跟西施"随鸱夷以终"一事有关。

西施，纵有天下罕有的美丽，终不过是男人谋夺政治权力的一个工具，且事成之后，又被信手抛弃。

为西施，一叹。

虞姬
真的是自杀的吗？

世间大凡出现自杀者，要么是被形势所迫心生绝望，要么是生无可恋消极告别人世。前者如在鹿台自焚的商纣王和在煤山投环的崇祯帝；后者如出塞后接连三嫁、儿子被杀的王昭君。

那虞姬为何自刎呢？话说回来，是谁说虞姬自杀了？

司马迁吗？

司马迁摆摆手：我没有呀。

关于项羽与虞姬事，《史记·项羽本纪》只简单地写了几句，大意是：项羽被围于垓下，听到营帐四面响起楚歌，彻底失眠，一个人踱到中军帐中喝闷酒。项羽身边有一个美人，名虞，最得恩宠；项羽蓄养有一匹骏马，名骓，最得珍爱。对此两件宝物，项羽恋恋不舍，口占一诗，慷慨悲歌："力拔山兮气盖世，时不利兮骓不逝。骓不逝兮可奈何，虞兮虞兮奈若何！"项羽唱歌，接着"美人和之，项王泣数行下，左右皆泣，莫能仰视。于是项王乃上马骑，麾下壮士骑从者八百余人，直夜溃围南出，驰走"。

之所以后面直接引原文，是想让各位看官看清楚，虞姬只是和歌，没有自杀。项羽唱完歌，就上马突围开溜了，没交代虞姬的后事，当然也没有提到虞姬自杀。

那么，司马光有没有提虞姬自杀呢？没有，因为司马光的《资治通鉴》里，根本就没提到有虞姬这个人！

有人说，司马迁编著《史记》里面关于楚汉相争这段历史，是参考了汉初陆贾所著的《楚汉春秋》。

那么，《楚汉春秋》有写虞姬自杀了吗？同样也没有。

就因为《楚汉春秋》没有交代虞姬的结局，所以司马迁也不会贸然落笔写虞姬的身后事了。

不过，《楚汉春秋》流传到南宋，莫名地出现了虞姬唱和歌，歌云：

汉兵已略地，四方楚歌声。

大王意气尽，贱妾何聊生。

明眼人一下就可以看出，这是一首成熟的五言诗，与项羽的《垓下歌》以及刘邦的《大风歌》不是一个路数，因为它根本就不是秦汉时代的作品，应该是后世伪作。但因为这首歌后面有一句"贱妾何聊生"，大家便说，虞姬饮剑殉情了。不得不说，是纯属后人的自作多情！

比较靠谱的记载，应该是以考据精核著称的地理总集《太平寰宇记》所记，该书卷一二八"濠州钟离县"条中赫然记录有虞姬这样的结局："虞姬冢在县东南六十里，高六丈，即项羽败，杀姬葬此。"

即漂亮的虞姬并不是自杀身亡，而是死于项羽之手。

项羽的杀人动机何在？因为虞姬太漂亮，他不能把漂亮的东西遗留给别人嘛！

这么说来，虞姬的下场，和四大美人中的西施、杨玉环都是一样的，死于自己挚爱的人手里。

悲夫！

吕雉
吕雉死后吕家被清算，武则天死后武家却没事

"吕后死后，吕家被清算；而武则天死后，武家却没事"的确是一个很奇怪的现象。

但只要往细里一分析，就觉得一切都那么合情合理，一点儿也不奇怪。

二者间的最大不同，就在于吕后病死的年代还处在汉初；而武则天病死时，已经进入中唐。

不要小看这一点，单单这一点，差别就非常巨大了。

要知道，刘邦在开国之初，就表示要与功臣共天下，有功者辄裂地而封为王侯。虽说刘邦后来为了稳定政权，又毕自己之力平灭了众异姓王，与群臣刑白马而盟。

强调两点：

一、只要不是姓刘的称王，天下共诛之。

二、若有无大功而封侯的，天下共诛之。

刘邦说的这两点，既保证了刘氏的皇权，又确保了功臣阶级的利益不被稀释。

这两点，得到了众臣的拥护，大家无不心悦诚服。

但吕雉为了维护自身的权力和地位，大封诸吕，极大地侵害了开国功臣群体的利益，而陈平、周勃、灌婴等一批开国功臣还健在。更加雪上加霜的是，吕雉在临终前，又让吕禄掌北军、吕产掌南军并兼相国一职，这样，就把诸吕与功臣间的矛盾急剧加大了。不用说，汉初的这一种情形是中唐时所不具备的。而且陈平、周勃、灌婴这些人，是跟随刘邦起事的，他们都经过血与火的洗礼，见证过不少风云起落，所以他们不出手则已，一出手定然是霹雳手段，手下不留情。

原先吕后为了不让皇权外流，让自己的亲儿子汉惠帝刘盈娶了自己的女儿鲁元公主的女儿张嫣为皇后。作为舅舅的刘盈羞于与自己的外甥女同房，以至于张嫣身后无子，虽然吕后将宫女替刘盈生下的骨肉谎称是张嫣所生。后来陈平等人在采取行动时，一不做，二不休，咬定这些孩子并非汉惠帝的骨肉，将之屠尽戮绝，再无后顾之忧。

我们再来对比看一下武则天死后武三思他们面临的形势。

其实，武则天在狄仁杰等人的活动下，早已经下了还政李唐的决心，她不但接庐陵王李显回京，还正式册封其为太子，定为皇储。

所谓的"神龙政变"，只是巩固了这一成果，避免节外生枝罢了。

而发动政变的张柬之、敬晖、桓彦范、崔玄暐（同"炜"）等五位大佬，全是清一色文臣，杀戮很轻。

再者，武则天不像吕后那样绝了后，她死后继承帝位的是她的儿子李显，众大臣不看僧面看佛面，做法自然很有分寸，一切遵从李显的意思办，不敢太过。

李显生性昏庸、孱弱就算了，他和武三思又是亲家关系——他的女儿李裹儿嫁给了武三思的儿子武崇训。所以李显复位以后，武三思等人依然得以全须全尾地活着。

细君公主和解忧公主
和亲公主有多悲惨？

汉高祖刘邦是"和亲"政策的始作俑者。

西汉初年，匈奴南下。汉高祖亲率三十万大军迎战，准备以军事力量对抗的办法解除北方的边患。但大军到了平城（今山西大同市），就被匈奴四十万人马围困在白登达七天之久，后以贿赂冒顿阏氏才得以解围。

围困是解除了，但边患还在。怎么办呢？

建信侯刘敬（娄敬）出了个馊主意："天下初定，士卒罢于兵革，未可以武服也。陛下诚能以适长公主妻单于，厚奉遗之，彼知汉女送厚，蛮夷必慕，况为阏氏，生子必为太子，代单于……冒顿在，固为子婿；死，外孙为单于。岂曾闻（外）孙敢与大父亢礼哉？"

所以，"和亲之论，发于刘敬"。

事实上，和亲并不能限制匈奴的抢掠活动。

匈奴人除了得到香车美女外，还得到西汉每年送来的大批絮、缯、酒、食物等，而且还可以达到通关市的目的，以获得所需的生产资料和生活用品。所谓"和亲"，根本上就是送钱、送女人以乞求平安。

刘邦起初被刘敬的迷魂汤灌得迷迷糊糊，真的想把自己与吕后的独生女儿鲁元公主下嫁冒顿，梦想日后鲁元公主生下的小冒顿因为是自己货真价实的外孙，会乖乖听信外公、舅舅的话。相较之下，吕后显得清醒，知道这不过是一个政治买卖，即使鲁元公主生下的小冒顿是货真价实的外孙，也会是养不熟的白眼狼，该咬人的时候照咬，因此强烈反对。最后刘邦只好找了皇族宗室的一个公主作为鲁元的替身送去了匈奴。

最富于讽刺意味的是，刘邦驾崩后吕后当国，匈奴女婿冒顿居然又指名道姓要吕后嫁给他，简直是赤裸裸的挑衅和侮辱。

实际上，从高祖六年（公元前201年）至武帝建元元年（公元前140年），《汉书》记载和亲事就有九处之多，西汉王朝对匈奴极尽贿赂之能事，但匈奴带来的边患见于记载的尚有二十来处。史书也直言"汉与匈奴和亲，率不过数岁，即复背约"。刘敬首倡和亲的目的根本就没有达到，也不可能达到。

为此，宋代大史学家司马光曾经说："盖上世帝王之御夷狄也，服则怀之以德，叛则震之以威，未闻与为婚姻也！"

西汉武帝时代，武帝恨匈奴恨到了极点，虽然尽力打击匈奴，但还是不得不推行和亲政策，把江都王刘建的女儿刘细君下嫁给乌孙国王昆莫，目的是拉拢昆莫和自己一起夹击匈奴。

年方十六岁的细君公主嫁给七十多岁的糟老头，个中悲愤，不言而喻。

实际上，昆莫并不想和汉朝合击匈奴，他在接纳刘细君的同时，也迎娶了一位匈奴公主，并封之为"左夫人"，细君公主只好屈居为"右夫人"。

这还不是最惨的，最惨的是昆莫觉得自己体衰气弱，劝细君公主说："我来日不多，趁着一息尚在，就把你嫁给我的孙子军须靡吧。我有十个儿子，可都不成器。军须靡早晚是乌孙之主。即使你不愿意，按照风俗，我百年之后，军须靡也可以'继承'你……横竖都一样，你就从了吧。"

爷爷把自己的老婆嫁给孙子，这不是"乱伦"了吗？刘细君气得浑身颤抖，咬破食指向长安呈递奏章。

但汉武帝的回答却是冷冰冰的："从其国俗，欲与乌孙共灭胡。"

刘细君只得认命，在屈辱中"转嫁"给了军须靡，在饱受折磨中香消玉殒。

刘细君在乌孙的日子，满打满算，前后不过五年！

刘细君既死，而拉拢乌孙的战略目的还没达到，认准了路就不肯回头的汉武帝再遣楚王孙女刘解忧和亲。

刘解忧的命运比刘细君要好一些，先嫁给军须靡，军须靡死了，转嫁给军须靡的弟弟翁归靡。还好，只是兄弟间的乱伦，没有乱了辈分。

刘解忧身在异邦，其心系故土的种种凄凉和悲楚都是可以想象得到的。

王昭君
一丘青冢留与后人说

西汉和亲代表人物是王昭君。

王昭君面对的问题最严重。

王昭君出塞之初要嫁的人是呼韩邪单于，彼时昭君刚刚二十岁，呼韩邪单于已年近五旬。

年龄上的差距，注定了他们不可能一起白头、厮守终生。

嫁到匈奴第三年，呼韩邪单于精衰力竭，死了。

王昭君只得按匈奴习俗转嫁给继位的呼韩邪之子雕陶莫皋。

雕陶莫皋可不是什么善类，他得到王昭君后，就把王昭君与父亲呼韩邪单于生下的孩子伊图智伢师杀了。

而在与王昭君生活了十一年后，雕陶莫皋也死了。

继承单于位的是雕陶莫皋的大弟弟且糜胥。

作为雕陶莫皋的老婆王昭君，还得继续依游牧民族收继婚制的习俗嫁给了且糜胥。

最终，王昭君再也承受不住这种屈辱彻底崩溃，选择了服毒自尽，时年三十三岁，被葬于今呼和浩特市南郊，因其墓依大青山傍黄河水，后人称之为"青冢"。

这个"青冢"，大史学家翦伯赞曾专门去探访和拜祭过，并写下了《内蒙访古》一文。该文后来收入高中语文教材。

文中，翦老大加称颂和赞美王昭君，称她是巾帼英雄。他说："现在还有人反对昭君出塞，认为昭君出塞是民族国家的屈辱，我不同意这样的看法。因为在封建时代要建立民族之间的友好关系，不能像我们今天一样，通过各族人们之间的共同的阶级利益、经济基础和意识形态，主要的是依靠统治阶级之间的和解，而统治阶级之间的和解又主要的是决定于双方力量的对比，以及由此产生的封建关系的改善，和亲就是改善封建关系的一种方式。"

揭盘陀国汉公主

汉朝公主远嫁途中怀孕，生子后就地建国了？

话说，大唐高僧三藏法师玄奘孤身一人历时十七年西行五万里，游遍了一百一十多个国家，取回经论六百五十七部、佛舍利一百五十粒、佛像七尊。然后率领弟子在长安翻译出了《大般若经》《心经》《解深密经》《瑜伽师地论》《成唯识论》等共七十五部佛学经书，共计一千三百三十五卷。

这无疑是一个大工程。

玄奘晚年心力交瘁，自知去日无多，遂由弟子辩机执笔自己口述著成《大唐西域记》。

该书主要围绕着玄奘所经历的一百一十多个国家的传闻进行展开。

其中第十二卷提到了一个揭盘陀国。

玄奘记载说，这个国家周环二千余里，土地贫瘠，谷稼少，花果稀，国人容貌丑陋，着毡褐，性犷暴，少学艺。

喏！就是这样一个蕞尔小国，居然也想和大唐攀亲！

该国国民说，相传他们国家的开国国父是太阳上面的天神，开国国母是汉土之人，所以，国家的王族自称"汉日天种"。

该国国民说的这个传说肯定是不靠谱的。

开国国父是太阳上面的天神？

玄奘法师是不信的，但既是传闻，何妨记下来一乐？

有些专家学者读了《大唐西域记》记载的这一段，却信了。

他们认为可以编得出很合理的解释。

这"合理"的解释是："开国国母是汉土之人"，这"汉土"，必须是指汉朝。喏！汉朝不是最喜欢和域外异国和亲嘛！

国母就应该是汉朝出境和亲的公主，经过揭盘陀国国境时，和随行侍卫私通，有了身孕，却谎称是"太阳上面的天神"留下神种，于是不再与他国和亲，就地建国，最后发展成了揭盘陀国！

好，很好！

精彩，很精彩！

但查遍史书，都没有汉朝和亲公主半途而废的记载！

另外，汉朝喜欢和亲不假，但也不是随便哪个阿猫阿狗提出要和亲，汉朝皇帝就屁颠屁颠地送钱、送物、送女人的。

这和亲公主到底是谁？准备送去哪儿和亲？

全无记载！

根本说不通。

再者说了，一支和亲队伍，随行的女性应该不会很多吧，居然"就地建国"，一建就成，这也太离谱了吧？

偏偏有学者专家不死心，翻经据典竟然查出了《穆天子传》卷二中周穆王封壁臣长季绰于西土的记载。

周穆王时代距离汉朝时代，差得太远了。这只能算牵强附会。

卓文君
历史上著名撩妹事件之一，浪漫表象下并不浪漫的算计

战国末期，邯郸是当时的冶铁中心，有一姓卓的人家以冶铁为业，成为当地巨富之家。

秦始皇横扫六合收取宇内，赵国破灭，卓家为避战乱，辗转迁到蜀地的偏僻小邑临邛（今四川邛崃市）定居。

自秦至汉，卓家仍以冶铁为业。

汉景帝当政时，天下大治，百姓和乐。

卓家当家的是卓王孙，既有数代资本积累又兼经营得法，所以富甲一方，家有良田千顷珠宝万斛。

卓王孙有女卓文君，眉如春山面如芙蓉，通晓琴棋书画，不可方物。可惜苍天作弄，十七岁出嫁没多久丈夫暴毙，只好返回娘家过起了寡居生活。

卓王孙爱附庸风雅，经常宴请达官贵人、文人雅士到自己家里欢饮。

某日，卓王孙专门通过临邛县县令王吉盛邀大才子司马相如到自己府上做客。

司马相如，蜀郡安汉（今四川省南充蓬安县）人，小名"犬子"，因钦佩赵国名相蔺相如，遂以"相如"为名。

司马相如善作长赋，精通音律。汉景帝即位不久，司马相如游长安，为武骑常侍。得到了梁国国君梁孝王的赏识后入梁国长伴梁孝王左右，期间司马相如创作出著名的《子虚赋》声名鹊起。梁孝王盛赞其才情高华，赐给他一把名叫绿绮的琴，上面刻有"桐梓合精"四个字。

梁孝王年寿不永，不久去世。司马相如返蜀到了临邛，在县令王吉家做客。

卓王孙与县令王吉深交，从王吉口中知司马相如大名，便一而再，再而三地邀请司马相如到自己府上相聚。在卓王孙锲而不舍的拳拳相邀下，司马相如终于接受了邀请，他在满座宾客漫长的等待和张望中姗姗来迟。

司马相如的谱摆得足，排场很大，仆从如云车马如流。

司马相如一出现，他的仪态和风度就倾倒了全场。

席间，司马相如应宾客之请，出示名琴"绿绮"，弹奏了一曲《凤求凰》。

其琴声悠扬，款款情深，传到楼上闺阁卓文君耳中，卓文君怦然心动。她偷偷地从楼上门缝中往下看，瞬时就被司马相如的英姿气派和风度才情所吸引。

司马相如随即伴着琴音吟唱起来：

凤兮凤兮归故乡，遨游四海求其凰。

时未遇兮无所将，何悟今兮升斯堂！

有艳淑女在闺房，室迩人遐毒我肠。

何缘交颈为鸳鸯，胡颉颃兮共翱翔！

凰兮凰兮从我栖，得托孳尾永为妃。

交情通意心和谐，中夜相从知者谁？

双翼俱起翻高飞，无感我思使余悲。

卓文君听得如痴如醉，不能自持。当晚酒散人去后，卓文君还久久沉浸在《凤求凰》的美妙琴声中。她的贴身侍婢悄悄送来了一张纸条，竟然是司马相如亲笔表白信。读完信，卓文君简单地收拾了一下细软就勇敢地走出了家门，与早已等在门外的司马相如会合。

这就是"司马相如情挑卓文君""卓文君夜奔"的故事。

卓文君义无反顾地爱上了司马相如后才知道，其实这时的司马相如已经一贫如洗，他来临邛，完全是到县令王吉家"打秋风"。这次赴宴带来的车马仆从都是王吉提供的。而王吉不遗余力地向卓王孙夸赞司马相如，司马相如受邀请故作姿态不来，都是为演奏那曲精心定制的《凤求凰》做铺垫。

可卓文君也不好责怪什么，她变卖了自己身上的首饰和司马相如在临邛开酒肆当垆卖酒，迫使要面子的父亲不得不承认了这段爱情，司马相如从而获得了巨大的财富。

历史真相，"司马相如情挑卓文君"原来是中国历史上一著名的撩妹事件。在该事件中，司马相如人财两获，从此过上了富足安定的生活。

实际上，司马相如对卓文君的真爱又有几何呢？

且说，汉景帝之后，汉武帝即位。汉武帝对司马相如原来随梁王时所写的《子虚赋》十分赞赏，征召司马相如入京。

司马相如于是竭尽才智写了一篇《上林赋》，得拜为郎官。司马相如在长安踌躇满志，乐不思蜀。蜀地的卓文君独守空帷，可谓受尽相思的折磨。

时光荏苒，不觉过了五年。

周旋在脂粉堆里的司马相如迟迟不归，欲纳茂陵女子为妾，他给卓文君写了一封家书，上面只写着"一、二、三、四、五、六、七、八、九、十、百、千、万"十三个数字。

卓文君朝思暮想，日盼夜盼，盼来的却是这样奇怪的一封家书。

卓文君反复看信，明白丈夫的意思。数字中无"亿"，表明已对她无"意"。

卓文君悲愤莫名，就用这数字又写了一封回信：

一别之后，两地相思，说的是三四月，又谁知是五六年。七弦琴无心弹，八行书无可传，九连环从中折断，十里长亭望眼欲穿，百思想，千系念，万般无奈把郎怨。

万语千言道不尽，百无聊赖十凭栏。重九登高看孤雁，八月中秋月圆人不圆，七月半，烧香秉烛问苍天，六月天，人人摇扇我心寒。五月里，榴花如火偏遇阵阵冷雨浇；四月间，枇杷未黄我欲对镜心意乱。三月桃花随流水，二月风筝线儿断。噫！郎呀郎，巴不得下一世你为女来我为男。

又作了一首《白头吟》：

皑如山上雪，皎若云间月。闻君有两意，故来相决绝。
今日斗酒会，明旦沟水头。躞蹀御沟止，沟水东西流。
凄凄复凄凄，嫁娶不须啼。愿得一心人，白首不相离。
竹竿何袅袅，鱼儿何簁簁！男儿重意气，何用钱刀为！

诗后附语："春华竞芳，五色凌素，琴尚在御，而新声代故！锦水有鸳，汉宫有水，彼物而新，嗟世之人兮，瞀于淫而不悟！"

随后再补写两行："朱弦断，明镜缺，朝露晞，芳时歇，白头吟，伤离别，努力加餐勿念妾，锦水汤汤，与君长诀！"

司马相如阅信，良心大受谴责，只好把卓文君接往长安。

邓绥邓太后

在宫斗中突围的狠人

邓绥邓太后，是一个来历非凡的女人，一个城府深不可测的女人，一个仁义恩信和狠忍杀伐兼具的女人。

说她有来历，是因为她有一个非常有名望的爷爷——东汉开国第一功臣邓禹。

说她城府深，是因为她在汉和帝元兴元年（公元105年）之前的所作所为，都骗过了天下所有的人，谁也搞不清楚她的真正面目，谁也不知道她的实力和野心。

说她仁义恩信和狠忍杀伐兼具……且来简单看一下她曾经有过的表现吧。

史书上说她小时候天资聪颖，深得太夫人的喜欢。该太夫人即邓禹的老婆，因为喜欢邓绥，她竟然童心顿起，要给邓绥剪发。

谁都知道，太夫人年高目冥，有严重的白内障，谁让她剪谁遭殃。

可是邓绥不怕，为了讨太夫人欢心，她高高兴兴地坐定，让太夫人剪。

不出大家所料，剪刀好几次伤了她的额头，鲜血汩汩流下，邓绥忍着痛不声张，继续配合太夫人，淡定地让太夫人剪。

太夫人视力模糊，丝毫没有觉察。

事后，有人问邓绥："小妹妹啊，敢让太夫人试刀，都伤了好几个地方了，不痛吗？"

邓绥严肃而认真地答道："怎么可能不痛呢，难得太夫人有好心情帮我剪发，如果我拒绝了她，岂不是伤了老人家的好意？我只要忍忍，就可以让太夫人开心，太值得了。"

三岁看八十，这种天性的狠忍，是普通人能做得到的吗？要知道，邓绥当时不过只有五岁！

传说春秋时期，有一个楚国人名叫老莱子，七十多岁的人了，却经常穿五色彩衣、手里摇拨浪鼓作幼儿状，甚至躺在地上打滚、捏着咽喉发出小孩子的哭声，以博父母开怀一笑。因为这番举止，老莱子得以名列《二十四孝》，成了大孝子。和老莱子相比，邓绥的孝顺可不知高出了多少个级别。

又说邓绥喜好读书，其六岁能《史书》，十二岁通《诗经》《论语》，志在典籍，不问居家之事。

这怎么得了？

她的母亲骂她："你说你一个女孩子，不问居家之事，以后怎么相夫教子？志在典籍，难道你还想做一个女博士，治国平天下吗？"

面对母亲的责骂，邓绥不还嘴，也不赌气。你不是说我不学女工吗？好，我学，学给你看！你不是说我不应该读书吗？我读，但不给你知道就是了！

她从此"昼修妇业，暮诵经典"，一个人，做两种事业。

这样的人，太狠了，太能忍了。

永元四年（公元92年），宫中大选，这是每一个名门望族的女子都不愿意放弃的机会，要知道一旦被选入宫成为贵人甚至皇后，那么整个家族就光耀门楣飞黄腾达了。

有野心的邓绥更是期盼能借这样一个机会鱼跃龙门一飞升天。于是，她异常婉转地向家人传达了自己渴望入宫的愿望。

她的婉转，是怎么婉转法呢？

她说，自己做了一个梦，梦见一伸手就摸到了天，天幕突然垂下一条类似钟乳状的东西，稍一仰头就吸进肚子里了。

家长找人解梦，解梦人说，尧帝曾经梦见自己攀天而上，成汤也曾经梦见自己在天庭游走，这是做圣王的前兆，吉不可言。

可她一个女孩子家，怎么能和尧汤相提并论？不信。

再找相面人给邓绥相面，相面人似乎跟解梦人心有灵犀："此成汤之法也。"

信了吧？

信了。

但这一年，邓绥非常遗憾没能入宫，原因是她的父亲在这一年不合时宜地死了。

父亲死了，你还入宫追求你的皇后梦，你还是人吗？禽兽，禽兽不如啊！

在以举孝廉选拔人才的东汉，这是很令人所不齿的。

这个道理，邓绥懂。

她把进宫的愿望深深埋到了自己的心窝里，乖乖地在家守孝服父丧。

而为了获得孝廉的名声，她下了真功夫，"昼夜号泣，终三年不食盐菜，憔悴毁容，亲人不识之"。

真是狠人啊。

永元七年（公元95年），宫中再次大选，邓绥三年孝满，这次她稳稳地把握住机会顺利入了宫。

这一年她十五岁，如花美眷的似水年华，身长七尺二寸，姿颜姝丽绝异于众，左右皆惊。

可惜，在当政的汉和帝的心里，已经住进了一个人。

三年前的大选中，有一个选手才色兼具、艺压群芳，在众多佳丽中脱颖而出，成为和帝的心仪女生。

该选手也很有来历，姓阴，曾祖阴识，是东汉开国皇帝刘秀的皇后阴丽华的哥哥。阴妹妹"少聪慧，善书艺"，入宫后，很得和帝宠爱。

邓绥入宫这年，阴妹妹已凭着自己的美貌学识在宫中稳坐了"一姐"位置，封了贵人。

这还不算，邓绥入宫还不足一年的时候，鉴于汉和帝已经十八岁是成年人了，大臣们奏请册立皇后，阴贵人当仁不让地坐上了皇后的位置。

虽然在这次册后大典中，邓绥也"顺带"被封了贵人，但在阴皇后的面前，她怕是只能永远低着头做人了。

因为有阴皇后在，阴皇后是红花，邓绥就只能是绿叶，绿叶衬红花，似乎她一辈子只能做配角了。

史书上说她，"承事阴后，夙夜战兢"。

宫中每有宴会，六宫妃嫔贵人都会竞相修饰，浓妆艳抹，簪珥光彩，衣裳鲜明。只有邓绥淡妆素裹，蛾眉轻扫，在众佳丽中与众不同。身上的衣服颜色偶尔与阴皇后接近，她立即更换，不敢稍夺阴皇后的风头。

若和阴皇后一同觐见皇上，则不敢正坐，默默站在阴皇后的后面；待到阴皇后起身辞行，则偻身自卑，躬身恭立，等阴皇后起步再走，从不敢与阴皇后并驾齐驱。

这样的生活，真累啊！

但正是这样的生活，渐渐引起了汉和帝的关注，汉和帝认为邓贵人对阴皇后劳心曲体处处谦让，有君子之风，乃至感慨说："修德之劳，乃如是乎！"

从此，汉和帝对邓绥生出了许多好感。

有一次，邓绥病了，卧床不起。汉和帝十分怜惜，恩许她可以召家人进宫探视，并且不限时日。邓绥却竭力推辞："皇宫是最重要的禁地，而让外戚久留宫内，朝内群臣会批评陛下徇私情，宫中也会讥讽臣妾不知足。朝廷和宫中都因这事指责陛下和臣妾，诚不愿也。"

话虽然很假，但汉和帝十分赞叹，从此对邓绥除了宠爱，又增添了不少敬重。

但万万没想到，那边阴皇后的内心却从此开始失衡了。

她感到自己的地位受到了威胁和挑战，"爱宠稍衰，数有恚恨"。

而这边，邓绥"恭肃小心，动有法度"，以退为进，在汉和帝跟前，极力抑制自己，以不让汉和帝对自己有特别的恩宠。

她不但对阴皇后恭恭敬敬，对待下人"虽宫人隶役，皆加恩借"，同样十分关心体贴。

一时间，宫中上上下下都对邓绥有好感，赞誉有加。

阴皇后又气又急，简直要疯了，却又无可奈何。

永元十三年（公元101年）夏，汉和帝患上了痢疾，久治不愈拖了十几天，到农历五月中病势更加沉重，眼看是没救了。

举国上下，大家都很忧伤。

邓绥也很忧伤，她在嘉德宫里天天祈祷，祈祷上苍保佑汉和帝早日康复。

只有阴皇后，她竟然很开心。

她的开心是有原因的，汉和帝才二十多岁，儿子都很小，其本人一旦驾崩，阴皇后就可以升格为太后，就可以临朝摄政了。

阴皇后因此开心地说："我若是能够得意，绝不会让邓家留下一个活口！"

邓绥听到这一消息震住了，半晌才流着眼泪对左右宫女说："我竭诚尽心以事皇后，竟然得不到她的护佑。我今天应当跟随皇上去死，上报皇上的大恩，中解家族的灾祸，下不至使皇后如吕太后那样有'人彘'行为。"

说完，就翻箱倒柜寻找毒药，打算自我了断。

有个宫女为了阻止她，就骗她说上面已经差人来通报，皇上的病已经好了，邓绥这才自杀未遂。

托这位宫女的吉言，第二天汉和帝竟真的神奇地病愈了。

这回轮到阴皇后震住了，你想她之前诅咒邓绥说："我若是能够得意，绝不会让邓家留下一个活口！"这句话表面上虽然是骂邓绥以解恨，但实际上却已经包含了一个意思：盼望汉和帝早点驾崩。如果汉和帝知道了，自己还有好果子吃吗？

不行，她得想办法自救。阴皇后通过向外祖母邓朱氏请教后决定铤而走险，动用巫术蛊道，将汉和帝诅咒致死。

真是活得不耐烦了！

汉和帝知道了此事天庭震怒大发雷霆，将邓朱氏及其两个儿子邓奉、邓毅，以及阴皇后的弟弟阴辅全部下狱拷打而死。

永元十五年（公元103年）六月二十二日，阴皇后因罪罢黜被迁到桐宫，后忧惧而死，时年二十三岁。

阴皇后的父亲阴纲自杀，弟弟阴轶、阴敞及家属被流放到日南郡比景县（今越南平治天省）。

阴皇后一死中宫缺位，邓绥经过三推四辞一番假意推让后，高高兴兴地即皇后位。

至此，邓绥已经实现了她人生的一半目标。

而她另一半目标，是从汉和帝死后才实现的。

元兴元年（公元105年）十二月二十二日，汉和帝突然病故，享年只有二十六岁零四个月。谥号"和皇帝"，葬在慎陵，庙号称为穆宗。

由于汉和帝死得太突然，他不但来不及安排顾命大臣，甚至连谁是帝国继承人都来不及指定，因此在帝国政权的交接问题上就不可避免地出现了混乱。

汉和帝之所以没有册立皇太子，一是觉得自己还年轻不急；二是因为生出的儿子体质都不行，一个接一个夭折，都养不大。

这是什么原因呢？

汉和帝想破脑袋也搞不清楚。

其实原因很简单：他和他的嫔妃都是近亲通婚嘛。

近亲通婚的后果就是孩子成活率低，并且不是畸形就是智障者。

为了确保自己后继有人，汉和帝听信了一种迷信的说法，即孩子一出生，就立即由人抱出洛阳城，秘密交给民间抚养。

这种说法靠不靠谱不知道，反正汉和帝自此在宫中广播龙种，孩子一出生，"辄隐秘养于人间"，马上送出宫，一个不留。

前前后后，到底送出过多少孩子，他自己也数不清。

到他死了，二十五岁的邓绥上位，成了邓太后，马上派人去找，找来找去，只找到两个。

两个就两个！只要有，就能稳定局势了！

这两个孩子一大一小，大的叫刘胜，十岁。小的叫刘隆，才刚刚过百日。

按照礼制，立嫡不立长，立长不立贤。

这些年来，邓太后只顾着和阴皇后搞宫心计，都忘了生孩子了，自然无嫡可立，那就立大的吧，立十岁的刘胜。

文武大臣都认为邓太后会立十岁的刘胜。但邓太后却宣布立刚满百日的刘隆为帝，改年号为"延平"。

真是天雷滚滚啊，公卿大臣全被雷倒了。

这，却是为何？

邓太后开出的理由是：刘胜身体有病，长期卧床不起，不能胜任皇帝的工作。

是吗？真是这样吗？

无论刘胜还是刘隆，都是刚刚从民间找回，大臣们无从得见，太后说什么就是什么呗。

可是，还在襁褓里的刘隆是否就能胜任皇帝的工作呢？邓太后不说，众人也没权过问。很明显，位居太后临朝听政，这才是邓太后一生的追求。也只有这样才能应了她幼年时相面大师给她说过的那句话："此成汤之法也。"

一个女人活在那个该死的时代，当皇帝是不可能的了，要做成成汤一样的大事业，就必须做太后临朝听政嘛！

现在，她做到了！

她临朝听政，以皇太后的名义下诏书并自称为朕，成为帝国实质上的领袖。

不过，还躺在奶妈怀里吃奶的刘隆就能陪着邓太后走过这样一段漫长而遥远的路程吗？

答案是：不能。

刘隆实在太小了，经受不起大人们的折腾，每天都在发烧，哭闹不休。

邓太后似乎感觉到了前景的不妙。

她多了一个心眼儿。

延平元年（公元106年）三月九日，汉和帝正式下葬。汉和帝一下葬，停留在京城的宗室王爷就准备回自己的封地去了。

邓太后却悄悄把清河王刘庆的儿子刘祜留了下来。

这一年的八月六日，刘隆驾崩，葬于康陵，是为殇帝。

这个皇帝，刘隆满打满算，在位时间也就两百来天。

八月八日夜，邓太后与自己的哥哥车骑将军邓骘、虎贲中郎邓悝定策禁中。三人一致决定，就立清河王刘庆的儿子刘祜为新帝。

为什么不是刘胜？

刘胜？你说都已经否定过他了，现在又让他上台，还不是给自己添堵吗？再者说了，日后他一旦登天会不会跟自己算旧账呢？

邓太后不敢冒这个险，那就只能是刘祜了。

刘祜这一年十三岁，虽然年龄偏大但还易于控制，而且刘祜与和帝的血缘关系较近，大家在情感上容易接受。

另外邓太后想，刘祜是由自己提上帝位的，以后还能不对自己感恩戴德？

当晚，邓骘持节率人到清河官邸，用青盖车将刘祜迎接回殿。

第二天，邓太后在崇德殿封刘祜为长安侯，随即下诏将其立为和帝的后嗣，接着又撰写了册立皇帝的诏命，然后以迅雷不及掩耳之势呈上皇帝的御玺。

群臣还没回过神儿来，刘祜已经正式即位，改明年年号为"永初"。

刘祜登基，邓太后仍旧临朝摄政。

平心而论，邓太后的治国理政能力还是可以的。

她临朝称制以后连下诏令大赦天下，赦免了许许多多因罪被囚禁的人。

她提倡德化，将不合典礼的各地祠官全部罢省，又提倡节俭，减宫内服御衣物，严格控制稻米粱肉的消费。其本人的日常饮食，早晚仅一个肉菜，也是非常节俭。她还将上林苑中用以玩乐的鹰犬统统斥卖，蜀、广汉二郡特供的器物一律叫停，宫中的奢侈摆设大量取消；离宫别馆储存的米面、柴薪，也全部省去。

在她的倡导下，宫中每年节省费用数千万。

对于宫中侍女，她经常亲自阅视，曾一次放还了五六百人。

对于各地郡国的朝贡献纳，她也减免过半。州、郡但凡遭遇天灾人祸的，一律减免田租。

所有的这些，让她赢得了无数赞扬的声音。

永初三年（公元109年）秋天，她患上一场重病。身边的人纷纷为她祈祷上苍，愿代她去死。她知道了很不高兴，命令大家只可祈福，不要妄生不祥之言。

在刑狱上，她精明体察，常能破除冤情。

在学术上，她白天上朝听政处理国事，夜晚则诵读经史，孜孜不倦，还曾特选大儒刘珍与博士良史等五十余人，在东观校雠五经、诸史，并委任宦官蔡伦典掌其事。

在用人上，大力引用许多名士如何熙、李郃、陶敦、杨震、朱宠、陈禅等人。

当然作为一名女性，她不便走出台前，只能隐身于后宫，在许多工作的处理上，不得不借助于自己娘家的兄弟。

延平元年（公元106年），兄长邓骘任车骑将军、仪同三司（仪同三司的设置即始于邓骘）辅政，此后又为晋升大将军常留禁中，常与之共议国事，其他的兄弟如邓悝、邓弘、邓阊等亦居官封侯，也成为不可或缺的政治助手。

邓氏一门也因此一跃而成东汉历史上最为贵宠的外戚，史称"凡侯者二十九人，公二人，大将军以下十三人，中二千石十四人，列校二十二人，州牧、郡守四十八人，其余侍中、将、大夫、郎、谒者不可胜数"。

但邓太后也能借鉴历史的教训，虽然倚重外戚，却对外戚加以约束，牢牢抓住大权，不受他人挟制。

她屡屡诏告京师一带各长官，要他们严厉约束邓氏家族，如有犯错者法不容情。同时，她还创办了一所官学以教授经书，专门下诏征召和帝之弟济北王、河间王五岁以上的子女四十余人，以及邓氏近亲子孙三十余人入学。她还亲自督导，防止其子弟们生活过于骄逸。

而正是她注意"检敕宗族"，宗族成员也因此洁身自好，"阖门静居"。

邓骘等外戚亦多恭顺节俭、力谋为国，因此外戚并未成为祸患。

总之，在邓太后临朝称制的十几年时间里，虽然各种祸患接连不断，邓太后都能以她超人的智慧和才识，采取了相应措施，将之一一化解。

从某种程度上说，邓太后称得上是中国古代历史上的一位伟大的女性。

貂蝉
吕布被杀后，貂蝉去了哪里？

首先，历史上是没有貂蝉这个人物的。

"貂蝉"这个名字最先出现在元代话本《三国志平话》里。

元代的"平话"，是由宋代的"讲史"发展而来，以长篇历史故事为内容，中间又夹杂有许多稀奇古怪的民间传说。

比如《三国志平话》中，就有张飞见黄巾、刘备黄鹤楼私遁等稀奇古怪的情节。几乎与之同期的元杂剧如《张翼德大破杏林庄》《刘玄德醉走黄鹤楼》都与该书情节有对应。可见，这些稀奇古怪的民间传说深植民心。

下面重点说一下元杂剧《关公月下斩貂蝉》。

该剧又作《关大王月夜斩貂蝉》，剧中"斩貂"之事于史无据，也不见《三国志平话》。

另外，该剧现在文本无存，具体情节不详。

但明代文人王世贞作有《见有演〈关侯斩貂蝉〉传奇者，感而有述》诗，诗中反映，貂蝉在吕布死后见风使舵，立刻改换服装献媚仇人，嘴里口口说爱汉寿亭侯，声声骂温侯，使得关羽大为厌恶，最终用刀将之劈死。

另一明代文人祁彪佳在《远山堂剧品》中引《庄岳委谈》，说《关大王月夜斩貂蝉》纯属"委巷之谈"，不足信。

元末明初人罗贯中著作《三国演义》时，应该就持祁彪佳的观点，他在参考《三国志》和《三国志平话》进行创作时，坚决摒弃掉了"斩貂"情节。

但明代还是有许多无聊文人对"斩貂"情节爱不释手，如明人王济作传奇小说《连环计》时仍将"斩貂"情节补上。

不过，《连环计》中"斩貂"的理由还是和《关大王月夜斩貂蝉》一样：貂蝉水性杨花，不为吕布守贞，反向斩杀了吕布的关公献媚，招来了关公的恼怒，结果血溅当场。

清代刊行的戏曲选集《缀白裘》中收录有短剧《斩貂》，戏中关羽杀貂蝉的理由改动了一下，即关公认为貂蝉是无良妖女和祸国殃民的祸水，高唱"俺关公今夜里斩了她万世名扬"，意欲突出关公为人世间伸张正义、为国除害。

另外，近代出版的《三国演义辞典》中，也收录有民间传说"关羽斩貂蝉"，说的是不喜美色的关羽见刘备和张飞都垂涎貂蝉的美色，担心二人相争一女人而伤了兄弟感情，决定举刀除去祸根。但在举刀之际，动了恻隐之心，也不忍下手，但青龙偃月刀从手中滑落，最终还是砍杀了貂蝉。

但不管怎么改"斩貂"都是一个败笔。

曾评点《三国演义》的清代文人毛宗岗，就放言"最恨今人讹传'关公斩貂蝉'之事"。

所以《三国演义辞典》书中，收录的"关公义释貂蝉"的传说，说关公"不贪美色"却也同情弱女子，私放她月夜逃走了。

历史上，貂蝉最后和曹操在一起了？

受小说《三国演义》的影响，很多人以为曹操非常喜欢关羽，为了拉拢关羽，什么东西都愿意给。

比如，吕布被斩首后，曹操为了拉拢关羽，就把吕布的赤兔马送给了关羽。

其实，吕布胯下有宝马名叫"赤兔"，也作"赤菟"，其中的"菟"在古代为"猛虎"的意思。这匹马，史书没有记载它在吕布死后的下落，估计曹操就是留下自己坐享了，并没有赠给关羽。

《三国演义》写曹操把赤兔马赠关羽了，关羽就骑着它从公元199年一直征战到公元220年，而从马的寿命论，这是不可能的。

同样受小说《三国演义》的影响，很多人认为吕布有两个妻子一个小妾：正妻严氏，次妻曹氏（即曹豹之女），小妾即为千古话题人物貂蝉。这其实都是小说家的虚构。

吕布是曾与董卓的一个婢女有染不假，但史书并未交代这个婢女的下落，更没说婢女的名字就叫貂蝉。

所以，貂蝉这个人物纯属虚构。

既然是这样，那就没有曹操送"貂蝉"给关羽的事儿了。

不过，总有一些"强迫症"的兄弟会问，就算世间没有"貂蝉"这个人，那我们用"貂蝉"这个名字来指代吕布的妻子行不行？

吕布的妻子后来是不是被关羽得到了？

其实，吕布有正妻严氏和次妻曹氏的说法也不能成立。

王粲编纂的《英雄记》有提到，吕布的得力部将高顺训练有一支名叫"陷阵营"的特种部队，非常强悍，但吕布和另一个部将魏续"有外内之亲"，他就把高顺这支"陷阵营"夺了过来，交给魏续带领。

由此可见，吕布之妻应该是魏续的姐姐或妹妹魏氏。

《三国志》又记，"术欲结布为援"，即袁术打算来与吕布结盟，为自己的儿子求婚，让吕布把女儿许配给自己的儿子。一开始，吕布满口应承，但后来并未嫁成。

那么，曹操在杀吕布后，是怎么对待吕布妻儿的呢？

史不见载，估计是默默无闻地苟活于世了。

原因有二：

一、《典略》记载曹操处死吕布手下谋臣陈宫后，厚待陈宫的家眷。

二、曹操能擒捉吕布，魏续也起了一定作用。而吕布之妻既是魏续的姐姐或妹妹，曹操应该会放过她们。

最后补充一下，吕布部将秦宜禄之妻，倒有几分"貂蝉"的影子。

秦宜禄被吕布派去出使袁术，下邳（今江苏省徐州市）被围了。

关羽知道秦宜禄之妻是个大美人，好几次向曹操提出"城破了之后，请求以秦宜禄的妻子为妻"。

曹操消息没有关羽灵通，不知道秦宜禄之妻是个大美人就痛痛快快地答应了。但城破之后，曹操见到了秦宜禄之妻，一下子就喜欢上了她，拒绝再给关羽。

所以，无论如何，关羽和"貂蝉"都不可能在一起。

最后补充一下，这个秦宜禄之妻给秦宜禄生了一个儿子，秦朗。

秦朗因为母亲被曹操纳为了妾，他就成了曹操的养子，后来在魏明帝曹睿朝成为骁骑将军。

大乔和小乔
娶大小乔后，孙策和周瑜为何全都早逝？

酒是穿肠毒药，色是刮骨利刀。如此看来，那孙策和周瑜早逝全怪大乔、小乔喽。还是看一下孙策和周瑜两人的死亡过程吧。

建安五年（公元200年），曹操在官渡与袁绍死磕，孙策准备乘虚袭击曹操的老巢许都（今河南省许昌市建安区），迎取汉献帝。他在丹徒（今江苏省镇江市）集结兵马，因人马尚未聚齐闲极无事，就率领数十亲从入山中打猎。

孙策在战场上作战非常武勇，打猎更是不把寻常猎物放在眼里，时而盘马弯弓射狼缚虎，时而驰骋飞奔驱鹿逐兔，很快就把扈从骑兵甩在后面。

后来，他在密林中突然遇上三个人。这三人都是被孙策所杀的吴郡太守许贡的门客，早就有为故主报仇的心思了。这会儿与孙策狭路相逢，认出了孙策，遂互相吆喝一齐放箭。因为距离太近又事出突然，孙策猝不及防被其中一箭射中面颊，然后仰天倒地。三名刺客眼看一击得手，迅速回撤。但孙策的扈从骑兵已从后面追来四面包抄，将这三名刺客杀死，回头又去救孙策。但孙策还是因为伤势严重，流血过多，当夜就去世了。

注意，孙策与周瑜是在建安四年（公元199年）十二月同时迎娶大乔小乔的，并且此时大乔被安置在吴郡（今浙江省杭州富阳），两人结婚时间才不过短短四个月。所以孙策之死，与大乔关系还真不大。

周瑜死于建安十五年（公元210年），他是和小乔做了十年夫妻，并育下了周循和周胤二子。

但周瑜和小乔相厮守的时间也不多。他一生戎马倥偬，在死前一年，他与程普率军进驻南郡，与曹仁相攻杀了好几个月。在一场鏖战中，周瑜亲自跨马撩陈，被流矢中右胁大出血伤势严重，史书称"疮甚"。那次鏖战可能伤到了肝脏，周瑜当时就倒地不起，但为了击败曹仁，他最终还是在稍事休养后便强支病体，巡视各营激励将士杀敌，艰难逼退了曹仁。

这之后，周瑜积极筹划进攻益州，得到孙权的批准后，他匆匆返回驻地江陵（今湖北省荆州市），行至巴丘（今湖南省岳阳市）突然病卒。

所以周瑜之死，与小乔关系也不大嘛！

关羽之女
关羽那位被称为"虎女"的女儿最后嫁给谁了？

关公的确有一女，《三国志·蜀书·关羽传》里有写道："先是权遣使为子索羽女，羽骂辱其使，不许婚。"

即孙权曾经想和关公结为秦晋之好，派使者跟关公商量，想让关公把他的女儿嫁给自己的儿子，但遭到无情拒绝，还被辱骂了一番。

至于这位女儿被冠以"虎女"之名，完全是罗贯中的加工渲染。他在《三国演义》写关公拒婚情形，加上了一句威风八面、掷地有声的台词："吾虎女安肯嫁犬子乎？"

罗贯中还把《三国志》里孙权派来求亲的使者说成是诸葛亮的兄长诸葛瑾，显而易见是为了加强戏剧效果嘛。

那关公大意失荆州、败走麦城，落得身首异处的悲惨下场后，他的这位"虎女"最后是什么结局呢？

《三国志·蜀书·关羽传》写孙权占据江陵后，"尽虏羽士众妻子，羽军遂散"。不过，这里说的是俘虏了关公士众部属的妻儿老小，并非关公本人的妻儿老小，所以，关公留在成都的"虎女"没事。

另外，《三国志·蜀书·关羽传》注引《蜀记》又记：公元263年，曹魏发兵西征蜀汉，"庞德子（庞）会，随钟（会）、邓（艾）伐蜀。蜀破，（庞会）尽灭关氏家"，即魏军攻下成都后，报效军中的庞德之子庞会率军趁乱冲进关羽家中，见人就杀，将关羽的全族尽数诛灭，不留一个活口。

这一句"尽灭关氏家"，表示关氏满门已尽遭庞会毒手，无一逃脱。

但孙权派人为自己的儿子向关羽的女儿求婚事，大致发生在建安二十四年（公元219年），而庞会灭关氏满门是在蜀汉景耀六年（公元258年），二者时间跨度长达四十四年，即关公的"虎女"早已出嫁，早在夫家开枝散叶生下子女一大堆，而她本人也已是花甲之年了。所以，关公的"虎女"可能终其一世都活得好好的。既然如此，那她的结局就更加值得好好探究一番了。

话说，云南省玉溪市澄江市右所镇旧城村有一个很大的金莲山古墓葬群，其中有一个非常著名的"关三小姐墓"。

该墓墓碑上赫然刻着："汉忠臣兴亭侯子李公讳蔚、寿亭侯女关氏三姐之墓。"

还刻一副墓联，云：

墓近圣人宫，父女相睽只数武；

神游荆襄界，魂魄长恨于千秋。

墓前立有"玉溪市文物保护单位"的石碑。

"寿亭侯"是谁?

当然是神勇无敌的关二爷嘛。

无疑"寿亭侯女关氏三姐",就是关二爷的女儿了。

墓联那一句"墓近圣人宫,父女相睽只数武",也再次强调了墓主与关公的父女关系,因为墓的对面就有一座关帝庙!

至于"神游荆襄界,魂魄长恨于千秋",那是纯在写关公含恨归天后的情形了。

确认过墓主是关公的"虎女",则与之合葬的"汉忠臣兴亭侯子李公讳蔚"就应该是她的夫君了。

也就是说,只要揭开这位"李公讳蔚"的身份,谜题就算破解了。

这个应该不难。因为上面交代得清清楚楚:"汉忠臣兴亭侯子。"即汉朝忠臣兴亭侯的儿子。

既和"寿亭侯女关氏三姐"合葬,那么这"汉忠臣"必须是"蜀汉的忠臣"。

蜀汉忠臣中封兴亭侯的人是谁呢?

李恢,那个跟随诸葛亮讨平南中四郡叛乱的安汉将军李恢,他在平叛胜利后就得封兴亭侯。

李恢是哪儿人呢?

《三国志·蜀书·李恢传》记:"李恢字德昂,建宁俞元人也。"

建宁郡是蜀汉建兴三年对益州郡的改称,建宁郡俞元县,就是今天的澄江县!

实际上,据旧城村的老年人说,村外曾立有一块历经风雨沧桑的砂石古碑,上刻"汉兴亭侯李恢故里",村里也曾有一道忠孝石坊,也是为李恢、李球(胞侄)伯侄而立。即澄江县右所镇旧城村就是李恢的故里。

行了，不用多说了，关公的"虎女"就是嫁给了李恢的儿子李蔚，做了李家的媳妇。

但是，且慢，史书记载里，李恢只有一个名叫李遗的儿子，以及一个名叫李球的侄子和一个名叫李逊的孙子，没有叫李蔚的儿子。

所以，这个刻着"汉忠臣兴亭侯子李公讳蔚、寿亭侯女关氏三姐之墓"字样的墓，其实是存疑的，有可能是后人伪造——伪造的痕迹其实也挺明显的，"汉忠臣""关氏三姐"，就不能表述得更严谨些吗？

如果这墓是后人伪造的，那么就非常遗憾了，即关公的"虎女"下落仍是一个谜。

甘夫人
廖化、杜远两人曾想平分甘、糜夫人为压寨夫人？

刘备的甘、糜两位夫人长得"倾国倾城"是小说家凭空编造的，所谓"廖化、杜远两位山大王一人一个平分作为压寨夫人"的说法更是《三国演义》里面无中生有的情节，史实上不存在的。

《襄阳耆旧记·卷二》记："廖化，本名淳，中卢人也。世为沔南冠族。"即廖化世代为沔南的豪门世族，人家家世清白压根儿就没做过山大王。

罗贯中之所以设计"廖化、杜远两位山大王一人一个平分作为压寨夫人"的情节，大概是因为《三国志·邓宗张杨传》记"廖化字元俭，本名淳，襄阳人也。为前将军关羽主簿"，即要为廖化投关羽帐下虚构出一个合理的故事。

至于杜远，完全是个"乌化先生"，是罗贯中头脑里构想出来的人物。

实际上，关羽"过五关、斩六将"的情节也是虚构的，并且关羽离开曹操、投归刘备时，《三国志·关羽传》记的是："羽尽封其所赐，拜书告辞，而奔先主于袁军。"没提到关羽带有甘、糜两位夫人，即关羽是单身脱逃的。

那么，《三国志·先主传》中明明说："五年，曹公东征先主，先主败绩。曹公尽收其众，虏先主妻子，并禽关羽以归。"即建安五年（公元200年），"衣带诏"事件爆发后，关羽和"先主妻子"是一并被曹操擒获的，那关羽单身脱逃后，"先主妻子"哪里去了呢？

我想应该是被曹操给杀了。

有人会问，有依据吗？

有依据。

我们先来将一将"先主妻子"指的都是谁。

《三国志·二主妃子传》记："先主甘皇后，沛人也。先主临豫州，住小沛，纳以为妾。"即兴平元年（公元194年），刘备为豫州牧时，在小沛纳了一个妾——注意，这个甘皇后当时仅仅是妾，只因她后来生了后主刘禅，被后主刘禅追尊为皇后。而这个甘皇后正是《三国演义》中说的"廖化、杜远两位山大王一人一个平分作为压寨夫人"的甘夫人。

那甘夫人是否在建安五年（公元200年）与关羽一同被曹操擒获了呢？

应该没有。

前面提到关羽脱逃曹操"千里走单骑"时是只身一人脱逃的，而《三国志·二主妃子传》里的记载"（甘夫人）随先主于荆州，产后主"，即她全须全尾地跟随刘备到了荆州，还顺利生下了刘禅，后来她又在长坂坡"赖赵云保护，得免于难"。

还必须注意，文中在"随先主于荆州，产后主"之前还有这样一句："先主数丧嫡室，常摄内事。"即由于刘备多次丧妻，甘夫人才得以小妾之身主持内室事务。

那么，刘备入荆州之前，又娶过哪位正妻呢？

建安元年（公元196年），吕布在刘备与袁术僵持之时，趁机偷袭下邳（今江苏省徐州市），刘备只好退驻广陵郡海西县。刘备为了得到大富豪糜竺的资助，娶了糜竺的妹妹糜夫人为正妻，结果获得了糜竺赞助的两千士兵及大批金银货帛。

这个糜夫人，史书也只在这里提了一下，并且没有收入《三国志·二主妃子传》，再结合《三国志·先主传》中那一句"曹公尽收其众，虏先主妻子，并禽关羽以归"来看，她应该就是被曹操擒获的那位。

并且，"妻子"不是一个词，而是两个词，指妻和儿子。

即糜夫人应该是已经生有儿子的，甚至可能不止一个——毕竟，从建安元年（公元196年）到建安五年（公元200年）有四五年时间，生个两三胎还是很正常的。但史书只记载甘夫人生了个儿子叫刘禅；吴懿之妹穆皇后生了两个儿子叫刘永、刘理，没说糜夫人所生儿子的名字。如此便可进一步推断，糜夫人和她所生的儿子们就是死在曹操之手了。

当然，《三国演义》是不可能写糜夫人和她所生的儿子们被曹操惨杀这一事实的，要这样写，就显得武圣人关二爷太没义气、太窝囊、太没用了！

所以，罗贯中做了巧妙的安排和设计，假装不知糜夫人有子，写她与甘夫人一同落在曹操的魔爪里，然后由关二爷救出，让关二爷上演轰轰烈烈的千古绝唱：护皇嫂寻兄记。

于是，就有了"廖化、杜远两位山大王一人一个平分作为压寨夫人"这一无稽的情节。

那么，如何让糜夫人在后面的故事中合理退出，以解释她不入《三国志·二主妃子传》的尴尬呢？

罗贯中还是拿长坂坡做文章，写赵子龙七进七出，他先在乱军中救出了甘夫人，再冲入曹军中找到了糜夫人和幼儿刘禅。赵子龙只有一人一马，糜夫人为了不拖累他，就把刘禅交给他，自己投井而死。

再来聊聊甘、糜两位夫人的"倾国倾城"问题了。

《三国志·二主妃子传》对于甘夫人的记载里，一字不提她的容貌，那她的容貌应该是乏善可陈的。而糜夫人也只是刘备为获取糜家襄助的一桩交易，她的容貌应该也美不到哪儿去——毕竟又要对方是女富豪，又要对方貌若天仙，这种美事的概率应该很小吧！

所以，说甘、糜美色"倾国倾城"，不过是后人的脑补想象罢了。

同理，刘备入益州后迎娶的孙权妹妹孙夫人（孙尚香这个名字，是后人瞎编的）；入蜀后聘娶的吴懿妹妹穆皇后，相貌应该都不会很出众。

最后补一则野史——东晋人王嘉写的神话志怪《王子年拾遗记》中记："蜀先主甘后""生而体貌特异，年至十八，玉质柔肌，态媚容冶"，但"河南献玉人高三尺，乃取玉人置后侧""夕则拥后而玩玉人"，最后"后常欲琢毁坏之"。

这故事说的是，甘夫人非常漂亮，肌肤凝雪，但有河南人进献了一座白玉雕成的美女给刘备，刘备就把玉美人置于床上，左手拥抱甘夫人，右手亵玩玉美人，最后，甘夫人忍无可忍，想把玉美人毁掉。

老实说，这种荒诞的故事一文不值，那些称赞甘夫人肤白貌美的话更是没什么可信度。

诸葛亮妻

历史上诸葛亮之妻是真丑还是假丑？

首先纠正一下，诸葛亮妻的名字"黄月英"，是后人瞎编的，最早见于袁阔成的评书《三国演义》。诸葛亮的妻子姓黄不假，但她到底叫什么名字，《三国志》和罗贯中的《三国演义》均没有记载。

其次，诸葛亮的妻子是真丑。

从哪儿得知她是真丑呢？

《三国志·诸葛亮传》裴注引《襄阳记》里面有这样一段记载：黄承彦替自己的女儿向诸葛亮求婚，很认真地说："闻君择妇，身有丑女，黄头黑色，而才堪配。"

看，黄承彦说得够明确了："丑女""黄头黑色"。

有人说了，黄承彦说的只是谦词——世上哪有人到处向宣扬：我家的闺女相貌美如花、国色天香，你们谁喜欢就趁早下手啊。

但只要仔细想想，如果黄承彦只是故作谦虚，哪有什么必要如此认真地加入"黄头发、黑皮肤"这样具体细致的描述？

而时人都知道诸葛亮"少有逸群之才、英霸之器"，而诸葛亮本人也"自比于管仲乐毅"，不说举世无双，也是世间罕有了。黄承彦却大言不惭地说自家丑女"才堪相配"，哪有一点点谦虚的意味了？

所以黄承彦说的就是实情，他的女儿就是个丑丫头！

如果说这还不够说明问题，再看《襄阳记》诸葛亮娶丑妻后群众的反应："时人以为笑乐，乡里为之谚曰：莫作孔明择妇，正得阿承丑女。"

群众的眼睛是雪亮的，诸葛亮娶丑妻都已经成了民间笑柄了，还有什么好怀疑的吗？

再顺带说上一句，这世上本来就是丑女多美女少嘛，那世间男子大多都娶了丑妻，为什么没有引发类似的笑话呢？

还是那句话：豪杰配美女，凡夫娶丑妻。平凡如你我等辈，娶了丑妻，乃理所当然嘛。可诸葛亮就不同。诸葛亮不但"腹藏经天纬地之才，身怀匡扶天下之志"，还是个"身长八尺，容貌甚伟"的大帅哥。时人都认为，必须是一个超凡脱俗、貌若天仙的大家闺秀才配得起这位大帅哥。哪料？大帅哥却娶了个丑八怪！这反差实在太大了！

就因为反差太大，许多诸葛亮的粉丝看不下去了，纷纷出来抱不平替诸葛亮辩护。其中绝大部分坚持睁眼说瞎话，一口咬定诸葛亮妻子不丑，只是略比貂蝉差一点点而已。

宋人范成大算是理智一点，他在《桂海虞衡志》里承认诸葛亮妻丑是丑，但有才学，帮诸葛亮发明了"木牛流马"和"连弩"，发明了渡泸水时士兵避瘴气的"诸葛行军散""卧龙丹"等。

但毕竟也没有任何记载说这些东西是诸葛亮妻的发明专利。

理学家朱熹于是又站在道德的高度上发言，称诸葛亮是圣人，在圣人的眼里"美即是丑，丑即是美"。圣人看中的是德行，女子无貌就是德，诸葛亮娶丑女为妻，正好彰显他品行高洁。

但我觉得，诸葛亮娶丑妻未必是朱熹说的那个"以丑为美"的境界，反而是因为诸葛亮是个现实主义者。

汉晋时代是门阀时代，人际间的交往，讲究门第对应。

诸葛亮出身于草根，躬耕于南阳，没有背景和关系，就难以实现自己的政治主张和济世理想。

黄承彦来头不小,他是襄阳名士,南阳隐士集团的首领人物之一;同时,他的妻子是太尉张温的女儿,而张温的夫人(也就是黄承彦的岳母)是汉末豪门大族蔡讽的姐姐。黄承彦娶了张温的女儿,就和荆州豪杰刘表成了连襟(张温的另一个女儿嫁给了刘表),和蔡讽的儿子蔡瑁成了姐夫与小舅的关系。

诸葛亮只要娶了黄承彦的女儿,就可以攀上一条通向上流阶层的捷径,顺利进入名士集团,直接接触荆襄地区的上层人士。

诸葛亮是个聪明人,怎么会放弃这个机会呢?

在古代,"娶妻娶德,纳妾纳色",妻子丑了,如果感到遗憾,今后还可以纳美妾来弥补。

所以娶了这个丑妻,诸葛亮很快进入了司马徽、徐庶等人的朋友圈,再经过朋友圈人士的炒作,声名鹊起,引来了刘皇叔三顾茅庐之举,成为蜀国开国功臣,创下不朽功绩。

那么,诸葛亮的丑妻是怎么死的呢?

《三国志》上没有记载,猜想是寿终正寝了。

另外,《三国演义》也没有怎么写这个丑妻的事迹,只是在第一百一十七回,全书接近结局了,在写诸葛亮的儿子诸葛瞻时,才漫不经心地提到这一句:"其母黄氏,即黄承彦之女也,母貌甚陋。"估计罗贯中是不想让诸葛亮的光辉形象受到影响,接下来就走范成大的"补救路线",迅速加了一笔:"而有奇才:上通天文,下察地理,凡韬略遁甲诸书,无所不晓。"不管黄氏有才或无才,都不能改变她相貌丑陋这一事实。

刘琰妻

刘琰妻进宫一月后，刘琰为何被处死？

这里所说的将军，指的是蜀汉车骑将军刘琰。

刘琰的官很大，他是和诸葛亮、赵云、李严、魏延等人并肩封侯的人。

但是，他的存在感很低。

陈寿在《三国志》一书中，把他和刘封、彭羕、廖立、李严、魏延、杨仪等人并列作一传——《刘彭廖李刘魏杨传》。

查该传记，刘琰主要做了三件事：

一、参与了诸葛亮上书弹劾罢黜李严的活动；

二、与魏延吵架；

三、与妻子吵架。

那么像刘琰这种毫无作为的人，为什么能官居高位呢？

主要是凭资历。

刘备在豫州的时代，刘琰就开始追随刘备了。

刘备早年像条流浪狗一样颠沛流离、居无定所，除了忠贞不贰的关、张二人舍命追随，普遍不被人看好。

想想看，刘备是如何尊崇徐州士人陈登，但陈登还是头也不回地抛弃了他改投曹操。

刘琰却能在那种境况之下，像关、张一样追随刘备，实属不易。

何况刘琰很懂得伪装，有仪表风度有名士风流擅长谈论，又与刘备同宗同姓，刘备没理由不高看他一眼嘛！

刘琰装却有自知之明，他知道自己能力有限，虽官居高位却不参与政事，只求小酒天天醉、歌舞时时有。

他很懂得享乐，车马服饰饮食无不奢侈豪华。

他私蓄有几十个美貌如花的侍婢，个个能歌善舞，擅长奏乐。

刘琰自身是名士，言传身教，教会了这些美女诵读东汉辞赋家王延寿的名作《鲁灵光殿赋》，使得他的府第艳名远扬。

刘琰死于建兴十二年（公元234年）。起因是该年正月初一，他的妻子胡氏进宫去向太后祝贺新春，然后一去久不归，大概过了一个月才意兴阑珊地出宫回家。

本来刘琰是刘备座前老人，他的年纪应该跟刘备是差不多的，建兴十二年他的年龄大概是七十岁了，但他贪恋美色，偏偏娶了个非常年轻漂亮的妻子。

一个老头子娶了个又年轻又漂亮的妻子，自然是不放心的。

胡氏入宫一月不归，刘琰怀疑妻子和后主刘禅私通，对她实施了家暴。如果是一对一单挑，刘琰这个糟老头子，未必是年轻力壮的胡氏的对手。所以他不亲自动手，而是行刑的吏卒帮忙动手，用鞋子狠狠地抽打胡氏的腮帮，抽过后仍是余恨未息，又把胡氏赶出家门休弃了她。

胡氏不甘，向执法部门上告。

刘琰因此被捕入狱，经执法部门审定，被判处死刑，弃尸街头。

而这之前，刘琰和魏延吵架，诸葛亮是个实用主义者，知道魏延是个人才，对国家很有用，而刘琰不过是个摆设，对国家没什么用，因此护着魏延，要刘琰作笺道歉。为了不让刘琰影响到魏延的工作，不久又把刘琰遣返成都做闲官了。

也就是说，诸葛亮对刘琰应该没有多少好感。但说是诸葛亮处死刘琰，实在有些冤。

苻娥娥与苻训英

后燕昭文帝靠勾搭寡嫂上台，宠幸姐妹花国灭身死

后燕昭武皇帝慕容盛于后燕长乐三年（公元401年）遇刺身受重伤，他垂死之际把辅佐年幼太子慕容定的重任托付给了自己的叔叔慕容熙。

安顿完后事，慕容盛就死了，时年二十九岁。

慕容盛的叔叔慕容熙其实比慕容盛还小，这年只有十七岁！当然，有人觉得十七岁的年纪就成了托孤大臣虽然罕见，但也不是什么不得了的事。但十七岁的慕容熙还有另一个节操碎一地的身份——他是慕容盛的母亲丁太后的情夫！从辈分上说，丁太后只是慕容熙的嫂嫂，这属于叔嫂恋，但问题是丁太后的儿子慕容盛已经二十九岁了，而慕容熙只有十七岁！而且，这还不是重点。

老太婆丁太后和慕容熙这两个人到底是谁勾搭谁？一般人以为，丁太后年老，肯定是丁太后勾搭小鲜肉慕容熙。事实却相反，是小鲜肉慕容熙勾搭了老太婆丁太后。为什么这么说呢？看接下来发生的事：

慕容盛安排慕容熙做托孤大臣，慕容熙不干，他要丁太后想办法把自己整成皇帝。

如果说丁太后有独立的思想，她是不会理会慕容熙的无理要求的，因为儿子慕容盛在死前已指定孙子慕容定为继承人了嘛。而且丁太后除了慕容盛这个儿子，还有另一个儿子慕容元，年纪比慕容熙还要大，这皇帝怎么也不会轮到慕容熙来当。

但丁太后竟然完全被慕容熙所支配，迷失了自我，以"国多难，宜立长君"为由，废掉年幼的太子，另立新君。

当时，朝臣一股脑儿主张拥立慕容盛的弟弟平原公慕容元为皇帝，只有丁太后力挺情夫慕容熙为帝。

慕容熙登上了帝位，先杀掉平原公慕容元和废太子慕容定，然后过河拆桥把年老色衰的丁太后蹬到一边，他猎艳渔色竟宠幸起前秦宗室苻娀娥、苻训英姐妹起来。

丁太后这才幡然醒悟，从情海中醒来，暗中谋废慕容熙。

慕容熙早有防备，先发制人将丁太后处死。

此时，慕容熙对苻氏姐妹的宠爱到了无以复加的地步，对她们的要求言听计从，行刑论赏的大政事没有不听她们的。

苻娀娥不幸生病，龙城人王温自告奋勇来医治，结果医死了。慕容熙气得不行，让人在公车门前将王温车裂并将尸体焚烧。

皇后苻娀娥死后被追封为"愍皇后"，"愍"同"悯"，即痛。

苻娀娥的妹妹苻训英此时正年幼好玩，尤其爱热闹。

慕容熙爱屋及乌经常带上她，北登白鹿山，东越过青岭，南至沧海，俩人到处打猎，百姓为此困苦不堪。

高句丽侵犯燕郡，慕容熙亲征高句丽，也是带了爱看热闹的苻训英同去的。

两军开战，有对军事完全不懂又爱瞎指挥的苻训英在现场，慕容熙想不败都难。

战败回朝后，慕容熙竟不知收敛，又为苻训英兴建了承华殿。

苻训英恃宠生骄，在六月要吃精细的冻鱼肉、十一月要吃生地黄，因为办事不力，不少人被慕容熙处死。

慕容熙如此宠爱苻训英，可她还是于建始元年（公元407年）病死了。

慕容熙急得快疯了，他悲恸欲绝，捶胸顿足，竟像死了父母一样。

《晋书》记："苻氏死，熙悲号躃踊，若丧考妣，拥其尸而抚之曰：'体已就冷，命遂断矣！'于是僵仆气绝，久而乃苏。大敛既讫，复启其棺而与交接。"

苻训英的尸首已经入殓，慕容熙还要打开棺材，在众目睽睽之下和苻训英的尸体交媾。

慕容熙诏令百官在宫里集体举哀，命令僧徒穿白衣服。指令官员查考哀哭的人，有眼泪的就认为是忠孝，没有眼泪的就处死。

慕容熙对苻训英感情深厚，苻训英死了，他泪流成河没有问题。作为大臣与苻训英没有什么感情，怎么哭得出眼泪呢？没办法！为了保命，他们只好含着辛辣的东西来把自己辣出眼泪。

高阳王妃张氏是慕容熙的嫂子，因为人品好，慕容熙竟指定让她为苻训英殉葬。

慕容熙还要公卿以下直到老百姓率领全家去建造陵墓，陵墓外围周长要有数里长，里边还要绘有尚书八座的画像。

慕容熙语出惊人地说："好好建造它，我随后就要进入这个陵墓了。"

皇帝要殉葬，臣子估计也没有活路了，尚书右仆射韦璆等人天天都洗干净身子等着殉葬。

慕容熙舍不得将苻训英安葬，直到尸体已发腐变臭，才不得不下令发丧。

当日，慕容熙披头散发光着双脚步行跟在苻训英的灵车之后。

因灵车太高太大无法出城门，慕容熙竟下令拆毁北门。

长者老人在私下里互相说道："慕容氏自毁其门，将不久也。"

果然，慕容熙出了城门后，先前曾因事获罪出逃在外的反对党全部潜返，他们关闭城门后推慕容云为皇帝，史称北燕。

慕容云率众弑杀了慕容熙，将之及其诸子一同埋葬在城北。

慕容熙时年二十三岁，共在位七年，谥号"昭文皇帝"。

娄昭君

慧眼识英雄，生了四位皇帝两位皇后，一生完美

《宋人轶事汇编》卷一记载有一件这样的奇事："初兵纷时，太祖之母，挑太祖、太宗于篮，以避乱。陈抟遇之，即吟曰：'莫道当今无天子，都将天子上担挑。'"

这件事说的是五代十国战乱纷纷，宋太祖赵匡胤、宋太宗赵光义尚是婴孩小童，他们的母亲杜太后用一对篮子挑着他们逃难。路上遇上了世外高人陈抟老祖，老祖慧眼识真主，拈须吟了一句诗："莫道当今无天子，都将天子上担挑。"

这故事自然是虚构的，但我们可以想象故事中杜太后无限自豪的满足感：自己一下子生了两个皇帝，真厉害啊！

历史上，生皇帝最多的不是杜太后，而是南北朝时期的鲜卑女子娄昭君！

娄昭君生于代郡平城（今山西省大同市），祖父是北魏真定侯娄提，父亲是赠司徒娄内干，名副其实的豪门名媛，是众多富家公子追逐的对象。但娄昭君一不爱金钱，二不爱地位，一心要嫁一个天下一等一的真英雄。

这个真英雄出现时间很早，但英雄气象呈现很慢，以至谁也没把他看在眼里，他就是后来的东魏王朝建立者、北齐王朝奠基人北齐神武帝高欢！

高欢祖籍渤海蓨（今河北省景县南），是个鲜卑化的汉人，名贺六浑，为破落户子弟，投军做了个阿兵哥。

娄昭君出城，见到了正在城门值班的阿兵哥高欢，觉得他"目有精光，长头高颧，齿白如玉，有人杰表"，娄昭君对高欢一见钟情，认定此人是自己心

中的英雄，是可托终身的丈夫。

娄昭君派婢女将自己的爱意转递给高欢，让高欢来提亲。

高欢身为低级士兵，无背景，无势力，穷困落魄前景渺茫，蓦然能得名媛千金垂爱，如何不喜？奈何家徒四壁，凑不起聘礼，只能仰天长叹，空悲切。

娄昭君了解到高欢的窘境，便"数致私财，使以娉己，父母不得已而许焉"。

成亲后，高欢从娄昭君的嫁妆中得到一匹马，得以在边镇队伍中当队主。

当了队主，高欢才有机会结交各式人物，一步步成为大将军、渤海王。

娄昭君成为渤海王妃后，为了让丈夫全心投身政治，她全揽了家务事。

高欢某次率部西征，娄昭君难产，左右认为情况危急，请求快马追回高欢。娄昭君不同意："王出门统领大军，为何因我的一点事情而轻易离开军帐？生死有命，抗拒无益！"

高欢为了解除来自柔然的威胁，有心娶柔然王室之女，但考虑到自己与娄昭君的深厚感情犹豫不决。娄昭君深明大义，进言说："为国家打算，万不要迟疑。"为了让柔然公主安心出嫁高欢，娄昭君还主动避离正室以让给柔然公主。

然而"命里有时终须有，命里无时莫强求"，娄昭君终究还是命格硬。

高欢去世后，娄昭君的长子高澄继任其位，进封娄昭君为太妃，娄昭君重返正室之位。而娄昭君的次子高洋受禅登基，建立北齐政权，娄昭君又得尊崇为皇太后。

高洋去世，其子高殷继位，尊奉娄昭君为太皇太后。

高殷无道，娄昭君便与第六子高演以及诸位大将一起废黜了高殷，改立高演为帝，娄昭君再度册封为皇太后。

高演去世后，娄昭君下诏立第九子高湛为帝，自己仍为皇太后。

娄昭君一共生有六男二女，其中的高洋、高演、高湛先后称帝，高澄也被追谥为文襄皇帝，两个女儿分别成为北魏孝武帝和东魏孝静帝的皇后，四帝二后之母，实在是前无古人。

据说，娄昭君每次怀孕都会做怪梦，"孕文襄（高澄）则梦一断龙；孕文宣（高洋）则梦大龙，首尾属天地，张口动目，势状惊人；孕孝昭（高演）则梦蠕龙于地；孕武成（高湛）则梦龙浴于海；孕魏二后，并梦月入怀"。当然这些记载确实有些荒诞，不可全信。

当时有童谣说"九龙的母亲死后不挂孝"，娄昭君年老病死，高湛果然没有穿孝服，像往常一样穿红色衣袍，登上三台，设置酒宴奏乐。当时，高湛的女儿送来孝服，高湛大怒，将孝服扔到台下。宠臣和士开请求停止奏乐，高湛还痛揍了和士开一顿。高湛在兄弟中排行第九，正好应验了童谣。

陆令萱
《陆贞传奇》女主的历史原型其实很不堪

有一部很火的古装青春励志剧，片名叫《陆贞传奇》，赚取了很多人的热泪，点燃了许多人的生活激情。

片中女主角陆贞是皇商陆氏长女，其生母早亡，继母赵氏育有一女陆珠。赵氏与其弟密谋杀害陆氏后嫁祸于陆贞，陆贞为躲避追捕和为父报仇，立志通过考试入宫。此时，当朝皇帝驾崩，德才兼备的皇子高湛远在边关，娄皇后把控内宫，她拥立自己亲生儿子高演继位。陆贞凭借一股子机灵劲，得到了孝昭帝高演的赏识。而她的刻苦、努力、善良，也同时打动了储君高湛的心。最终，陆贞协助储君高湛战胜了娄太后家族为篡权发动的一系列阴谋行径，助高湛即位后和高湛成亲。高湛死后，陆贞把自己一生献于政治，辅佐幼帝高纬，成为历史上赫赫有名的人物。

该剧剧情设定在南北朝时的北齐时期，人们就很自然地把女主角陆贞和北齐的风云人物陆令萱联系起来，认为陆贞就是陆令萱，陆令萱就是陆贞。因此，很多人把历史上的陆令萱视为自己人生奋斗过程的偶像。

历史不忍细看，不得不说，该剧起了误导作用，因为陆令萱其实是个名副其实的女流氓、人渣。

没开始揭陆令萱老底之前，不妨先简单了解一个北齐王朝的历史：北齐王朝是个非常短命的王朝，从建立到灭亡，享国仅二十八年。在这二十八年时间内，一共出现了高洋、高殷、高演、高湛、高纬、高恒六位皇帝。这六个皇帝都是什么关系呢？

话说东汉末年，蜀、吴、魏三国并起。不久之后，西晋统一了海内，三国归并于司马。但“八王之乱”又导致了少数民族统治南下，中国大地再次破碎，鲜卑拓跋氏建立的北魏与南边的东晋、宋、齐、梁形成南北对峙的局面。

在南朝梁国被陈国所取代时，北魏分裂成了东魏、西魏两国。其中，东魏权臣高洋篡位建立了北齐；西魏权臣宇文觉夺取了西魏的政权建立北周。

高洋是北齐在位时间最长的皇帝，他二十一岁篡位三十一岁病死，总共在位十年，史称文宣帝。

文宣帝高洋年纪轻轻就去见了阎王，当然这跟他淫乱过度不无关系。

文宣帝高洋临终前，立十五岁的长子高殷为帝，委托弟弟高演多加关照。

高演狼子野心，他关照的不是侄子，而是侄子的帝位。在文宣帝高洋死后不到一年，他就废掉了侄子高殷，自己登上了帝位。高殷也因此得到了废帝之称，不久被杀。

俗话说，人在做，天在看。丧心病狂的高演因做了灭绝人性的恶事，报应很快就来了。即位翌年，他便得了重病，眼看要咽气了，有心想把帝位传给儿子高百年，但想到侄子高殷的下场，他担心这么做是相当于把儿子推上断头台啊！于是一狠心，改传给了对帝位垂涎不已的弟弟高湛。高演此举，使得他在死后得到了"孝昭帝"的谥号。

不过，对帝位垂涎不已的高湛继位后，为了能睡安稳觉，并没放过侄子高百年，他胡乱安了个罪名，将侄子高百年送到阴间和哥哥高演团聚去了。

高湛在位时间略长，四年。这四年时间内，他全都沉湎于美色之中，根本不知国事为何物。而西魏演变成的北周，势头很快完全超过了北齐，对北齐形成了很大的威胁。高湛懒得跟北齐计较，干脆把帝位传给了十岁的儿子高纬，自任太上皇，一心一意在后宫玩乐。

酒色生活让高湛早早就透支了身体，三十二岁就死了，仅仅比开国皇帝、自己的哥哥高洋多活了一年，谥号"武成皇帝"，庙号"世祖"。

总体上说，北齐高氏帝王家族的人精神方面都有问题，个个性情古怪、暴戾嗜杀，喜欢淫荡乱伦，甚至杀人取乐，其荒唐行径无异于禽兽。

而北齐后主高纬是集高家劣性之大全者，整天嬉戏糜浪，醉生梦死。

高纬做的最离谱的事就是让自己的宠妃冯小怜除掉身上的所有衣服，躺在隆基堂的一张大桌子上，让大臣列队观看。

高纬的荒唐加剧了北齐的灭亡。周师先败齐师于平阳，然后破晋阳，疾趋邺城。

高纬手足无措之际，向父亲高湛学习开始撂挑子，禅位于八岁的皇太子高恒后出逃济州。这种鸵鸟策略，以为把头埋到沙堆里看不见危险就消失了，实则愚蠢至极。

旬月之间，北齐彻底灭亡，高纬、高恒都成了周师阶下囚。

瞧！就是这样一个短命变态的小王朝，实在是乏善可陈。如此推想，传奇女英雄陆贞和高湛又能有什么轰轰烈烈的爱情故事？说陆贞一生献于政治、辅佐幼帝高纬，那注定也是没有明天的一生。

说穿了，陆贞的故事很好看，但很扯。

再说回陆贞原型人物陆令萱。

《北史·列传第九》《列传第二》等记载："穆提婆，本姓骆，汉阳人也。父超，以谋叛伏诛。提婆母陆令萱尝配入掖庭，后主襁褓之中，令其鞠养。"

也就是说，陆令萱的丈夫北齐大将骆超因牵涉一桩谋反案被杀，已有身孕的陆令萱被发配入后宫为奴。在后宫，陆令萱生下了儿子穆提婆，因奶水充足她有缘成了襁褓之中后主高纬的乳母。

因做过高纬的乳母，当高纬继承皇位后，陆令萱便风光无限了。

《北史》中记载："令萱奸巧多机辩，取媚百端，宫掖之中，独擅威福。"

陆令萱控制住了后宫，成为宫中总管，随后又把魔爪伸向朝廷。

高纬的皇后是北齐名将斛律光的女儿，但高伟对皇后不感冒，而对皇后带来的侍婢穆黄花特别有兴趣，让穆黄花给自己生下了皇子高恒。

陆令萱该出手时便出手，毫不迟疑地收穆黄花为义女，施展毒计废黜了斛律皇后，改立穆黄花为皇后。作为皇后之母的陆令萱水涨船高，号称"大姬"（太姬），视一品，列在长公主之上。

陆令萱还和儿子穆提婆合谋，害死了名将斛律光，让儿子做上了尚书左仆射，集军政大权于一身。

陆令萱、穆提婆母子把持朝政，故意制造阶级矛盾和民族矛盾，使国家面临严重的危机。他们还诌媚君主，引诱其荒淫为虐，陆令萱因此被冠以"亡国妖女"的头衔。

陆令萱的最终结局是在跟随高纬逃亡途中自杀身亡。所以，陆贞传奇的故事听听就好，不必当真。陆贞不是陆令萱，陆令萱也不是陆贞。把历史上的陆令萱视为自己人生奋斗过程的偶像，更是万万不可取的。

冯小怜
奇葩皇帝要与大臣共享爱妃的美色

北齐后主高纬宠爱冯小怜，自己享足了冯小怜的美色觉得不过瘾，还要朝廷上的大臣都来欣赏冯小怜的美色，他让冯小怜除掉身上的所有衣服，躺在隆基堂的一张大桌子上让大臣列队观看，上演了历史上独一无二的荒诞大戏。

北齐脱胎于东魏，而东魏由北魏分裂而来。

原本东汉末年的蜀、吴、魏三国归并于司马，西晋统一了中国，但"八王之乱"又导致了少数民族南下的发生，中国大地再次破碎，鲜卑拓跋氏建立的北魏与南边的东晋、宋、齐、梁形成南北对峙的局面。

在南朝梁国被陈国所取代时，北魏分裂成了东魏、西魏两国。东魏权臣高洋篡位建立了北齐，西魏的权臣宇文觉夺取了西魏的政权建立北周。

北齐高氏皇位由篡权而来，本来政权就根基不稳，几代主要家族成员全部性情奇葩，整日醉生梦死。在高纬刚即位时，北齐已被南朝陈国侵吞了淮南一带地区，北周也越过秦岭掠夺了汉中和四川等地。可以说，北齐这个政权已经岌岌可危，出现了严重的生存危机，但高纬仍日日夜夜与宠妃冯小怜厮混在一起不理朝政。

北齐的国事政事就这样被搁置荒废了。

军事上，荒淫无度的高纬连打个仗也没法严肃起来。

公元575年，北周武帝率军攻下了北齐的要地平阳（今山西省临汾市），高纬竟然若无其事地说："只要冯小怜无恙，战败又有何妨！"

当年冬天曾有人建议说："北周军队的补给不足，已退回长安，我军正好利用这个机会收复平阳。"

这等军机大事，高纬竟也荒唐到要征求冯小怜的意见，等冯小怜点头了才出兵反攻平阳，而最佳战机早已经失去了。

反攻平阳时，冯小怜衣着戎装随行。将士舍生忘死苦战了一日，眼看就要收复平阳城了，冯小怜认为天色已晚，自己看不清胜利登城的场面，要求第二天天明再攻。

战机再次丧失！

次日，北周武帝亲率援军赶到平阳，北齐军惨败退走。

高纬如此这样宠爱着冯小怜，最终招致了国灭身死。为此，唐朝诗人李商隐专门写了《北齐二首》记其事。

其一：

一笑相倾国便亡，何劳荆棘始堪伤？
小怜玉体横陈夜，已报周师入晋阳。

其二：

巧笑知堪敌万几，倾城最在着戎衣。

晋阳已陷休回顾，更请君王猎一围。

冯小怜后来被当成战利品赐给了北周代王、开国功臣宇文达。

冯小怜也是会写诗的，她曾写下《感琵琶弦断赠代王达》一诗向宇文达邀宠：

虽蒙今日宠，犹忆昔日怜。

欲知心断绝，应看膝上弦。

隋文帝开皇元年（公元581年），杨坚代北周建隋朝，又把冯小怜改赐给了代王妃李氏的哥哥李询。

由于冯小怜在代王府曾经迫害过代王妃李氏，最终被李询虐待而死。

祝英台
梁祝的故事是怎么回事？

梁山伯与祝英台可不是虚构的故事，而是史有其事的真事。

一直以来，人们都对中国四大古典爱情故事津津乐道：《牛郎织女》《天仙配》《白蛇传》和《梁祝化蝶》。

但前面那三个故事明显和梁祝的故事有巨大差别。

《牛郎织女》说的是天上的织女思春下凡，与放牛的牛郎结成夫妻，后来他们被王母娘娘棒打鸳鸯，成了天上两大星座：牛郎星和织女星。

《天仙配》说的是天上的七仙女看中了地上的庄稼汉董永，两人永结同心，羡煞天仙。

《白蛇传》说的是千年白蛇修炼成精后，再次来到凡尘报恩，嫁给了与自己有十世姻缘的许仙。

这三个故事，都是神仙和妖怪的故事，听听就好。

《梁祝化蝶》故事虽然结局也有两个殉情男女死后双双化蝶的神话色彩，但这仅仅是小说家在故事结尾加上的一点随意想象，而此前的整个故事都充满了十足的人间烟火味，故事中的世界就是那个冷冰冰的现实世界；故事中的人也是鲜活如在眼前的现实中的人。

2003年10月27日，一块明代正德年间的梁祝墓碑，在山东省济宁市微山县马坡乡马坡村被当地文物部门挖掘出土。济宁市文物局副局长、济宁梁祝文化研究会会长樊存常说，其实这块梁祝墓碑在1952年疏浚附近白马河河道时被挖出过一次，为了保护这块墓碑，当时的工作人员又将墓碑重新埋于地下。

然后在1976年大造农田平整河道时，梁祝墓碑连同诸坟被平掉，墓碑就被深埋地下。

到了20世纪90年代中后期，济宁文物局根据史料记载，对梁祝墓碑进行勘探，找到了具体位置，但考虑到当时的保护措施有限，又将其再次埋藏地下，墓碑这次算是第四次出土了。

这块"梁山伯祝英台墓记碑"高1.84米、宽0.82米，石碑上有800多字，是明朝正德十一年（公元1516年），作为朝廷钦差大臣的南京工部右侍郎、前督察院右副都御使崔文奎视察河道时途经微山马坡，发现已破败不堪的梁祝墓，于是他重新修了梁祝墓、祠，并立下了碑文对梁祝故事做了详细记载。

实际上，从现在可考的书籍里，最早记载有梁祝事迹的是南朝梁元帝的《金楼子》。但《金楼子》已经散佚，里面是怎么记载梁祝交往经过的，已不得而知。

此外，唐初梁载言的《十道四藩志》中也有提到梁祝，但仅记"义妇祝英台与梁山伯同冢"一语而已。

不管如何，祝英台与梁山伯殉情同葬一六应该是真事，而目前比较完整讲述梁祝爱情故事的是晚唐张读的《宣室志》。

《宣室志》里面提到，祝英台是上虞祝氏女儿，伪为男装游学于会稽，与梁山伯同窗，祝英台肄业后离去。梁山伯曾去其家拜访，方知其为女子，且已被马姓人聘为妻。梁山伯大恸，病死，葬于郏城。祝英台出嫁之日，途经梁山伯墓，知道了梁山伯死因，悲痛殉情同葬。

由此可见，梁山伯、祝英台的爱情，确实是伟大的爱情，他们的故事并非虚构而是真人真事。

梁山伯与祝英台的故事结局虽然有殉情男女死后双双化蝶的神话点缀，但梁山伯与祝英台却绝对是历史上的真实人物，他们的故事也是历史上的真实故事。

那梁山伯与祝英台的爱情故事到底是怎么回事呢？

比较完整讲述梁祝爱情故事的《宣室志》里提到了一句："晋丞相谢安奏表其墓曰义妇冢。"

谢安是东晋名臣，梁祝既与之同时代，即梁、祝当为东晋人。

最早研究梁祝事迹的近代小说研究家蒋瑞藻和宋徽宗大观年间李茂诚所撰的《义忠王（梁山伯）庙记》，也认定梁祝是东晋人。此后的钱南扬先生也持此说。即"梁祝为东晋人"之说遂成定论。

文成公主

晚年要靠装疯卖傻苟活?

"文成公主晚年要靠装疯卖傻苟活"之说,是别有用心的人所制造的谎言。这些谎言的源头,是一些诸如《柱间史》《西藏王统记》等所谓的吐蕃资料。

这些吐蕃资料里面那些贬低文成公主的内容,全都荒诞不经,毫无可信度。比如里面提到的唐太宗按禄东赞建议下令用炒过的种子播种,这样的故事骗骗四五岁的孩童就可以了,是个成年人都不可能相信的。

而且这些吐蕃资料出现了极多处自相矛盾的说法,比如一会儿说文成公主守寡三十一年,一会儿又说松赞干布与文成公主是在同一天去世的!

至于说"文成公主晚年要靠装疯卖傻苟活",是因为里面提到松赞干布在迎娶文成公主之前,曾从泥婆罗迎娶回一个尺尊公主,即尺尊公主是松赞干布的大老婆,文成公主是小老婆。松赞干布死了,小老婆受到大老婆的虐待,为了活下去,她就不得不装疯度日了。

但只要查一些比较严肃的吐蕃史料,如敦煌吐蕃文献、吐蕃金石铭刻等,就可以查到松赞干布娶文成公主的记载,但说松赞干布娶泥婆罗尺尊公主完全是没影儿的事儿。

因此有国外学者写了《松赞干布的妻子》,直言松赞干布娶泥婆罗尺尊公主之事是虚构的。

有人也许会说,《敦煌吐蕃历史文书》是最为权威的吐蕃史料,为何查里面的《编年记事》有"此后六年,墀松赞赞普升遐(归天),与赞蒙文成公主同居三年耳"的记载？即松赞干布与文成公主的共同生活时间只有短短三年！

松赞干布与文成公主的共同生活时间只有三年，那松赞干布与其他后妃的共同生活时间呢？

惊人的是，《敦煌吐蕃历史文书》的《大事纪年》根本就没有松赞干布与其他后妃生活的任何记载！

松赞干布是个雄才大略之人，他在继位之初，就先后兼并了位于今藏北部及青海西南部、甘孜、理塘一带的部落，紧接着又征服了青海一带的党项、白兰等国，然后建都逻些（今拉萨），建国号"大蕃"，在布达拉山上建立皇宫，正式建立吐蕃王朝。

这样一位事业型的人物，是不太可能长期沉溺在温柔乡里的。他在他生命最后的九年时间里，把三年的时间给了文成公主，剩下的六年，全部花在了吞并象雄等众多事务上，而并不是偏宠其他女人而冷落文成公主。

与《敦煌吐蕃历史文书》相类似，吐蕃碑文（金石铭刻）和《贤者喜宴》等严肃吐蕃资料中，都只有对文成公主的记载，而罕有松赞干布的其他女人的记载。

《贤者喜宴》甚至记载："松赞干布登临欢庆的宝座，为文成公主加冕、封作王后。"

《敦煌吐蕃历史文书》也有"祭祀赞蒙文成公主"之语。

学者王尧等人指出，有赞蒙尊称并且去世后享有祭祀，是地位不低于吐蕃王后的人拥有的待遇，而松赞干布的女人里仅文成公主拥有这种待遇。

除了看吐蕃方面的史料，我们再来看看《新唐书》和《旧唐书》的记载。

《新唐书》记载，松赞干布向大唐求婚时，"遣大论薛禄东赞献黄金五千两，它宝称是"；《旧唐书》也说"弄赞乃遣其相禄东赞致礼，献金五千两，自余宝玩数百事"。

想想看，花了这么大的价钱，迎娶到了文成公主，还不得当手心里的宝那样宠着？

文成公主入藏时，松赞干布喜上眉梢，兴冲冲地前往位于黄河源头的美丽湖泊柏海（今青海玛多县）边上迎接，"叹大国服饰礼仪之美，俯仰有愧沮之色"。

松赞干布携文成公主回到逻些，专为文成公主"筑城邑，立栋宇以居处焉"，并自豪无比地对自己的亲长们说："我父祖未有通婚上国者，今我得尚大唐公主，为幸实多！"

文成公主不喜欢吐蕃人"赭面"（以红颜料涂面），松赞干布立刻废除这项习俗，他本人也"释毡裘，袭纨绮，渐慕华风"。另外，还派出大批吐蕃贵族的子弟进入长安学习《诗》《书》，又请唐朝文人典其表疏。

唐太宗征高句丽班师，松赞干布赶紧派禄东赞带了个大金鹅前往长安朝贺，"其鹅黄金铸成，其高七尺，中可实酒三斛"。

贞观二十二年（公元648年），右卫率府长史王玄策出使西域，遭到中天竺国的抢劫杀戮，松赞干布闻讯大怒，"发精兵与玄策击天竺，大破之"，替王玄策狠狠地出了口气。

贞观二十三年（公元649年），唐太宗驾崩，松赞干布派专使往长安吊祭，献金十五种供于昭陵（唐太宗墓），并上书唐高宗许诺保证说："天下凡有不忠于唐室者，吐蕃必提兵前往征讨。"

总章二年（公元669年），唐高宗在文成公主为松赞干布服丧期满后，曾派尚凯为使入藏迎接文成公主回国颐养天年。但文成公主婉拒了，她说自己已经喜欢上了这片土地。

而到了永隆元年（公元680年），文成公主因病去世，吐蕃王朝为她举行了隆重的葬礼，唐遣使臣赴吐蕃吊祭。

唐蕃会盟碑有文字记载："于贞观之岁，迎娶文成公主……重协社稷如一，更续姻好。"

现在，拉萨仍保存有建于当时的文成公主的塑像。所有的一切都足够说明，文成公主在吐蕃的地位是非常受尊崇的。"文成公主晚年要靠装疯卖傻苟活"之说，并非事实。

武则天
武则天为何要杀死贺兰敏之？

武则天为何要杀死贺兰敏之？

搞清楚这两个问题就可以了：

一、贺兰敏之是个什么样的人；

二、贺兰敏之做过哪些触怒武则天的事儿。

先说第一个。

贺兰敏之其实是武则天的外甥——武则天姐姐的儿子。

武则天的父亲武士彟原先是个商人，为人精明，有生意人的头脑，更有投资的眼光。他年轻时挑担子去各村卖豆腐，后来转行经营木材，生意越做越大。

当然，他人生最大的一笔生意，或者说最大的一笔投资，就是慧眼识珠看好李渊能成大事，资助李渊太原起兵。

因此，尽管武士彟在大唐开国过程中并没什么建树，但他是最初投资的原始股东，被李渊列入"太原元谋功臣"之中，任库部郎中。

最妙的是，唐高祖李渊于贞观九年（公元635年）五月病死，武士彟也在同月得病，自称病因即由高祖崩起。

不久，武士彟死，唐太宗追赠其为礼部尚书，谥号"定"。

武士彟一生娶过两任妻子。原配妻子相里氏共生四子，夭折了两个，长大成人的两个为武元庆、武元爽。相里氏死后，武士彟娶继室杨氏，生有三女：长女武顺，嫁贺兰越石，封韩国夫人，死后追封郑国夫人；次女就是武则天；季女嫁郭孝慎。

武士彟离世后，武元庆、武元爽和他们的儿子武惟良、武怀运等人就经常想方设法来折磨继母杨氏及杨氏的三个女儿，以此为乐。

武则天翻身做了皇后不久，先是追赠父亲武士彟为司徒，改封母亲杨氏为荣国夫人，接着将两个哥哥武元庆、武元爽流放到边远地区，折磨他们死于贬所；然后又设计害死了两个哥哥的儿子武惟良和武怀运，并把两个侄子的家属流放到岭南，勒令他们改姓蝮氏，绝其属籍。武则天这么做就相当于绝了武士彟的后嗣。

为了避免武士彟绝嗣，武则天便将自己亲姐姐韩国夫人的儿子贺兰敏之改姓武，充当武士彟的后嗣，袭爵周国公。

由此，本文主角——贺兰敏之终于登场了。

要说贺兰敏之改姓武并袭爵周国公是很好的事儿，那后来他又怎么招惹到武则天了呢？

贺兰敏之年少英俊很吸引女人，最关键的是，他"胸襟宽广"，很有"博爱"情怀，对女人的投怀送抱从来不拒，也包括他的外祖母——武则天的母亲杨氏！

武则天的母亲杨氏和武则天一个本性，都喜欢老牛吃嫩草。问题是，武则天登基后可以光明正大养男宠，那个年代她母亲的身份却不能。所以，当一个英俊潇洒有"博爱"情怀的奶油小生来到身边，即便他是自己的小外孙，杨氏也不管不顾了，与之携手共演惊掉世人下巴的乱伦大戏。《旧唐书》也因此郑重地记下了贺兰敏之"烝于荣国"这一笔。

得了外祖母的爱，贺兰敏之更加肆无忌惮无法无天，干尽欺行霸市败坏法纪的事儿。

咸亨二年（公元671年），杨氏寿终正寝，她心满意足地停止了呼吸。武则天为得孝悌美名，从宫中搬运出了许多钱物，让贺兰敏之造佛像替杨氏追福。贺兰敏之并不把这事放在心上，信手将钱物全部挥霍一空。（《新唐书》记："荣国卒，后出珍币，建佛庐徼福，敏之于匿自用。"）

武则天气得胸腔都快要爆炸了。

司卫少卿杨思俭的女儿美貌，唐高宗和武则天将她指定为太子妃，可考虑到她的年纪还小，尚未迎娶进宫。贺兰敏之狗胆包天，带领家丁公开闯入杨府抢先尝鲜，强行逼迫准太子妃做了不可描述之事。（《旧唐书》载："司卫少卿杨思俭女有殊色，高宗及则天自选以为太子妃，成有定日矣，敏之又逼而淫焉。"）

这不是赤裸裸向皇权挑衅嘛！

还有，武则天的亲生女儿太平公主年纪幼小，回外祖母家串门，不但侍女被贺兰敏之玷污，她本人也惨遭猥亵，留下了难以磨灭的阴影。（《新唐书》载："太平公主往来外家，宫人从者悉逼乱之。"）

贺兰敏之的这些行为，一般人都忍无可忍了，她武则天，还能忍吗？

武则天最终将贺兰敏之流放岭南。

贺兰敏之细皮嫩肉，不胜流放跋涉之苦，走到半路自己就上吊死了。

贺兰敏之死后，武则天不能眼睁睁地看着父亲武士彟绝后，因此不得不派人去找武元庆和武元爽还没有死的儿子回来。如此，武元庆和武元爽的儿子武三思和武承嗣这才活蹦乱跳着，又登上了历史舞台。

武则天的名字是什么？为何没与男宠产子？

当今，一大批以武则天为原型的影视剧，为求高票房和高收视率，不惜胡编乱造、挖空心思猎奇猎艳以博取观众眼球。

毫无疑问，作为中国历史上唯一的正统的女皇帝，武则天这一身份是极具吸引力的。

这一身份的特殊性在于武则天的女性性别，编剧就围绕着这个亮点猛打感情牌乃至艳情戏，武则天也因此成为中国老百姓中家喻户晓的历史大名人。

但绝大多数中国百姓仅仅知道武则天是个女皇帝，豢养过许多男宠，却不知道武则天具体是一个怎么样的人，都做过哪些事迹，甚至姓甚名谁。

电视连续剧《一代女皇武则天》的主题曲《一代女皇》里唱："蛾眉耸参天，丰颊满光华，气宇非凡是慧根，唐朝女皇武则天……"

很多人听这歌，就以为武则天姓"武"，名叫"则天"。武则天姓"武"是不错，但"则天"二字，乃是她退位后，从她儿子中宗给她上的尊号中来。中宗给她上尊号叫"则天大圣皇帝"，取自《论语》中"唯天为大，唯尧则之"一语，意思是以天道为法则。

关于武则天的名字，她在登帝位之初，造了一个新字——"曌"，她给自己改名为"武曌"。

武曌的曾用名还有"武媚"，这是唐太宗给她起的名，相当于别名。

武媚之前的名字叫什么呢？现在已经不可考了。人们所能知道的是《新唐书》中有这样的记载："华州华阴郡，上辅。义宁元年析京兆郡之郑、华阴置。垂拱二年避武氏讳曰大州，神龙元年复故名。"由此有人推断，武媚之前的名字应该含着一个"华"字，但《旧唐书》却记避华只是在避武则天的祖讳——武则天祖父名为武华。

话说回来，从"武媚"华丽转身为"武曌"，即武则天成为皇帝，是什么时候呢？

武则天的称帝时间是公元690年，该年她把唐睿宗李旦年号"载初"改为"天授"，称"天授元年"，荣登大宝。而这时的武则天已经六十七岁了。所以，武则天不仅是中国历史上唯一正统的女皇帝，也是即位年龄最大皇帝之一！

那么，她豢养男宠的事儿，就发生在六十七岁以后了。六十七岁，在古代已经是当太祖母的年纪了，不可能"怀孕产子"。只能说，那些无知或无良的编剧对民众的误导真是太深了。

不过，武则天晚年自甘堕落，在七老八十的风烛残年宠爱张易之等一批男宠，老臣狄仁杰很是看不惯，冒着杀头之险直言不讳地进劝说："张易之和张宗昌兄弟长侍在陛下左右，实在有累皇上的盛名，皇上志在千秋，留此污点，殊为可惜。"

武则天却不以为然地说："朕也知道爱卿是忠正老臣，所以把国家的重任委托给你。但皇帝的私事大臣不宜过问。再者说了，朕可不是想宠幸二张，只是为了保养身体。朕过去躬奉先帝，生育过繁，血气已竭，因而病魔时相缠绕，虽然经常服食参茸之类的补剂，但效果不大。御医沈南缪说：'血气之衰，非药石所能为力，只有采取元阳，以培根本，才能阴阳合而血气充足！'朕原也以为这话虚妄，试行了一下，不久血气渐旺，精神渐充，朕近日还长出了两颗新牙齿呢。"

狄仁杰无奈："游养圣躬，也宜调节适度，恣情纵欲，适足贻害，希望陛下自珍自爱。"

武则天因此依然我行我素，继续沉溺于与男宠的欢爱中。

梅妃
唐玄宗所钟爱的梅妃是虚构的吗？

不管历史上梅妃这个人存没存在过，所有的史书都告诉我们，唐玄宗最爱的女人就是杨贵妃。

嗯，梅妃这个人可以有——即使有，也不会改变客观存在过的史实。

但梅妃这个人真没有，她是《梅妃传》里虚构的人物。

按照《梅妃传》里的说法，梅妃姓江，名采苹，是福建莆田人，她的父亲名为江仲逊，世代为医。江采苹九岁时，就能背诵《诗经》中记载周文王后妃事迹的《周南》和《召南》两部分诗，并骄傲地对父亲说"这就是我的志向"。长大后，她琴棋书画样样精通，诗词歌赋堪比李、杜。大太监高力士出使闽地，偶然见到了她后，瞬间被征服，不管三七二十一命人掠回，进献给唐玄宗。唐玄宗得之居为奇货。当时，长安大内、大明、兴庆三宫和东都大内、上阳两宫，这五宫收藏蓄养有后宫佳丽四万多人，唐玄宗自得江采苹，便将那四万佳丽视如尘土。江采苹经常拿自己与东晋才女谢道韫相比，作有《萧》《兰》《梨园》《梅花》《凤笛》《玻杯》《剪刀》《绚窗》等诗，因其好淡妆雅服姿态明秀，爱赏梅花，其气质如冰霜中的梅花一样高洁，唐玄宗戏称她为"梅妃"。后来杨贵妃入宫，梅妃失宠，被打落冷宫。安史之乱起，长安失陷前夕，唐玄宗仓皇跑路，梅妃从此下落不明。

梅妃其人其事，《旧唐书》《新唐书》《资治通鉴》均不见载。

《梅妃传》仅一卷，亦未见著录于唐、宋史志，而出自元末明初的学者陶宗仪所编纂《说郛》卷三十八，且未标识有著录作者。

清人莲塘居士编《唐人说荟》一书时，将之定为唐人曹邺所作，但曹邺其人又是史不见载。

偏偏《唐人说荟》在搜集唐人传奇和笔记时，极少审慎考订，其擅改篇名、妄题作者，乃是惯有之事。

所以，"曹邺"应该是伪托之名。

即《梅妃传》很可能是南宋无名氏的作品。

鲁迅先生读过《梅妃传》后，在《中国小说史略》中有提到，《梅妃传》应该是南北宋人伪作，梅妃是虚构人物。

由于《梅妃传》影响巨大，明朝人王世贞在编纂《艳异编》里，收录了《唐玄宗梅妃传》。

另一个明朝人吴世美干脆根据《梅妃传》创作了《惊鸿记》传奇。

梅妃的影响越来越大，明朝人黄仲昭著福建第一部省志《八闽通志》时，郑重收录了梅妃的事迹。

明清《兴化府志》《莆田县志》和《福建通志》等书也跟着记载了梅妃。

清人洪升著作的《长生殿》和清末蔡东藩的《唐史演义》都依据《梅妃传》写入了梅妃的故事。

上官婉儿
李隆基为何执意杀掉了上官婉儿？

不得不说，上官婉儿的确该杀。

说起这上官婉儿，她可是名门之后。她的祖上曾出现过一门祖孙上官桀、上官安、上官期三代同为西汉高官的盛况。

她的高祖父上官贤为北周幽州太守；她的曾祖父上官弘为隋朝江都宫福监；她的祖父为唐高宗朝宰相上官仪。

上官仪虽然身居相位，但在政治上并无任何建树，只因文采出众，常为高宗起草诏书，开创出"绮错婉媚"的上官体，被唐高宗当作御用文人使用。

武则天为了当上皇后，不惜把自己刚生下来的女儿活生生掐死，成功栽赃于王皇后，在"废王立武"的争后斗争中胜出。

但人心不足蛇吞象，胜利后的武则天在干预朝政中尝到了至高无上的权力带来的快感，越加变本加厉妄想取代唐高宗。

为了达到目的，她迷信上了厌胜之术——通过诅咒来咒死唐高宗，从而自己取而代之。

唐高宗在无意中得知此事，陷入了深深的痛苦之中。

不用说，唐高宗是非常愤怒武则天这种不道德的行为的，但他却深爱武则天不能自拔，因此愤怒中又充满深深的刺痛，一时不知如何是好。

唐高宗彷徨无计，向自己的御用文人上官仪咨询，问该如何是好。

上官仪年纪一大把，书也读了很多，却对人情世故两眼一抹黑，他居然不知道"疏不间亲"的古训，傻乎乎地给高宗把脉，以为高宗恨武则天恨得不得了，坚定地提议废掉武则天。甚至他还自告奋勇，主动草拟诏书准备诏告天下。

实际上，高宗虽然轰轰烈烈地宣布要废除武则天，但经不起武则天一哭二闹三上吊，立刻举旗投降跪地求饶。

这还不算，当武则天质问他为什么要这么做的时候，他还毫无保留地把上官仪给卖了，一脸无辜地说："此上官仪教我。"

"冤有头，债有主"，武则天胡乱找了个由头，将上官仪和其儿子上官庭芝处死，家产抄没，家中女眷一律入宫为奴。

上官庭芝就是上官婉儿的父亲。上官仪和上官庭芝被斩时，上官婉儿尚在襁褓，与母亲郑氏一同被没入掖庭，充为官婢，在宫中长大。

不得不说，上官仪的遗传基因非常强大，长大后的上官婉儿在秉性、特长各方面与祖父惊人相像——政治智商低但文采出众。

上官婉儿的文采得到了武则天的赏识，被引为亲信女官，掌管宫中制诰。

上官婉儿也知道武则天是自己的杀祖、杀父仇人，但她对武则天没有多少仇恨，却有感恩戴德之情。这就是特殊环境下培植出来扭曲的人性，也是鲁迅先生说的"求得为奴而心安"的典型例子。

有野史传说，说武则天将上官婉儿引为亲信女官，甚至在与男宠张昌宗在榻间做不可描述之事也不避忌她。上官婉儿被张昌宗姿容吸引，背着武则天与张昌宗调谑。武则天知道了，拔取金刀捅入其前髻，伤及左额。上官婉儿为掩饰伤痕，自己在伤疤处刺了一朵红色的梅花，是为红梅妆。

此说并不可信。

实际上，上官婉儿额头受伤时，武则天尚未称帝。当时，上官婉儿受武则天委派，躲于案下窃听唐高宗与宰臣的奏对，结果被唐高宗觉察。唐高宗在武则天跟前是个软脚蟹，在上官婉儿这些宫女跟前，却威风凛凛，拔甲刀扎在上官婉儿的额头上，并警告不许拔刀。上官婉儿为保小命，情哀哀意切切地作了一首《乞拔刀子》诗，才得拔出了刀子，后来纹上梅花以掩其痕。

武则天称帝，上官婉儿负责代笔制作诏敕，有"内舍人"之称。

随着武则天年老体衰，不胜政事，上官婉儿又代其处理百司奏表参决政务，被后人称为"巾帼宰相"。

神龙元年（公元705年），张柬之等拥护李唐宗室的大臣发动了"神龙政变"，武则天退位，唐中宗李显复辟。

唐中宗李显也完全继承了父亲唐高宗软脚蟹的特点，惧内怕老婆到极点，对政事却基本是两眼一抹黑，难得上官婉儿谙熟其道，就干脆让她专掌起草诏令，想想不过瘾，又拜她为昭容，封其母郑氏为沛国夫人。

上官婉儿认为唐中宗李显不足成事，为了寻求更大的靠山，她抱定了唐中宗老婆韦皇后的大腿，多次劝说韦皇后废除唐中宗，做第二个武则天。

韦皇后在上官婉儿的劝说下野心勃发，紧锣密鼓地筹划着篡权夺位。为了将阴谋变为现实，上官婉儿又向韦皇后推荐了武则天的侄子武三思，这里补一句，上官婉儿和武三思是有一腿的。

通过武三思、韦皇后和上官婉儿等人的耍阴谋、弄诡计，他们成功剪除了唐中宗的左膀右臂——拥戴唐中宗复辟的张柬之、桓彦范、敬晖、袁恕己和崔玄暐五王。

太子李重俊洞察了武三思与上官婉儿之奸，于景龙元年（公元707年）七月矫诏发羽林军三百余人一举发难，杀武三思、武崇训，然后从肃章门斩关而入，叩击阁门而搜捕了上官婉儿。

上官婉儿逃至唐中宗和韦皇后处，诬陷太子，致使李重俊事败被杀。

经过此事，上官婉儿更加胆大妄为，她经常引大臣到宫中宴乐通宵达旦。那一段时间，宫禁宽疏，宫内官员随意出入。

上官婉儿尚欠宫中不够自由，又在宫外购筑宅第，与官员公开厮混。很多人因为与上官婉儿交好，官运亨通。其中的中书侍郎崔湜就是因为与上官婉儿关系密切而被引以为相的。

到了景龙四年（公元710年），太平公主势力大涨，上官婉儿狡兔三窟，又投奔太平公主，并向太平公主缴纳了投名状。

该年六月，李显驾崩。有野史说是韦皇后下的毒，但没有证据，姑且不论，反正此后韦皇后尽收朝政大权于己手，宰相宗楚客、韦温都力劝韦后赶紧效仿武则天行事。

时为临淄王的李隆基得到消息，经过与太平公主相商，悍然发动"唐隆之变"，领禁军官兵杀入宫中，杀死韦后及韦后一党，拥立其父李旦登位。

脚踩两船的上官婉儿赶紧率宫人出迎，出示一份自己代拟的遗诏——该遗诏指定是由李隆基之父李旦登帝位的。狡猾的上官婉儿以为，李隆基必定会放过自己不杀，甚至还会重用自己。但是，她的如意算盘打错了。李隆基看了这份"遗诏"后，咬牙切齿地说："此婢妖淫，渎乱宫闱，今日不诛，后悔无及。"

唐家继位大事，哪用得上一个外姓女子指手画脚呢？李隆基挥剑痛斩上官婉儿于旗下。

可以说，上官婉儿的死，完全是她咎由自取。

杨贵妃

马嵬驿兵变的主要目的是逼死杨贵妃吗？

马嵬驿兵变的主要目的是要除掉杨国忠，杨贵妃只是一个附带的牺牲品。

马嵬驿兵变是怎么回事呢？

天宝十四年（公元755年）十一月初九，安禄山以讨伐杨国忠为由，发动了声势浩大的叛乱。

天宝十五年（公元756年），唐玄宗听说叛军已经攻破长安门户潼关后魂飞魄散，声称要御驾亲征安禄山。实际上，他却携带了杨贵妃姊妹、皇子、皇妃、公主、皇孙、杨国忠、韦见素、魏方进、陈玄礼及亲信宦官、宫人跑路了。

那一天，他们来到了马嵬驿，随从的将士又饥又渴，怨声四起。

禁军龙武大将军陈玄礼发牢骚说，这场大乱就是因杨国忠起的，应该杀杨国忠以谢天下。

恰巧，随行的二十多个吐蕃使节挨了饿，找杨国忠申诉，诉声也很大。于是有士兵就高喊起来，说杨国忠与吐番人谋反了。也不知是谁，拿出弓箭朝杨国忠就射。杨国忠吓了一跳，赶紧逃命。他这一逃，士兵们一哄而起拎刀去追，追到马嵬驿西门处，已经乱刀挥起鲜血四溅。

杨国忠不但被杀死还被分了尸，头颅被挂在西门外示众。

乱子已经闹出，士兵们再无顾忌，提刀四下杀人。他们杀了杨国忠的儿子户部侍郎杨暄，杀了韩国夫人、秦国夫人，又杀了御史大夫魏方进，一个个都杀得红了眼，嗷嗷怪叫。

唐玄宗听到怪叫，惊问发生了什么事儿。左右侍从安慰他说，是杨国忠谋反被士兵杀了。

唐玄宗走出驿门慰劳军士，让他们撤走，但军士气势汹汹并不理会。唐玄宗开始害怕起来，让高力士去找陈玄礼问话。

陈玄礼振振有词地说，杨国忠谋反是被诛杀了，但他的妹妹杨贵妃还在，杨贵妃不应该再侍奉陛下了，愿陛下能够割爱处死杨贵妃。

唐玄宗听了高力士的回报，很白痴地说，杨贵妃一向深居宫中，不与外人接触，杨国忠谋反和她有什么关系呢？

高力士真不敢相信他的智商这么低，只好耐心解释说，杨贵妃是没什么罪，但她是杨国忠的妹妹呀。将士们已经杀了杨国忠，而杨贵妃还在陛下的左右侍奉，他们怎么能够安心呢？希望陛下站在他们的立场好好地考虑一下，只有杀了杨贵妃，将士们才能安宁，陛下才会安全呀。

唐玄宗终于明白了过来，这时为求自保和尽快息事宁人，他只好同意处死了杨贵妃。

最后，高力士让人到佛堂勒死了杨贵妃，并把她的尸体抬到驿站的庭中，让陈玄礼等人入驿站察看，这场打了鸡血的兵变才平息了下来。

所以说，马嵬驿兵变的主要目的就是要除掉杨国忠，杨贵妃只是一个附带的牺牲品——谁叫他是杨国忠的妹妹呢？

这里有一个问题，杀杨国忠是士兵临时起意的激情杀人，还是阴谋家的早有预谋呢？

说士兵临时起意的激情杀人有些说不过去。要知道，杀大臣逼迫皇帝，那是要诛九族的，而且作为禁军都是被长期灌施了"忠君"思想来洗脑的，他们不可能靠一时性起就做出这样不管不顾的疯狂行为，所以说幕后一定有主谋，并且有主谋给行动的实施者做出过相应的承诺和保证的。

那么，这个主谋是谁呢？陈玄礼，还是高力士？其实，这个主谋很好找。他必须要满足两个条件：

一、与杨国忠势不两立，他们间已经到了你死我活的程度；

二、有足够的地位和权力给士兵们提供生命保障，让他们在实施行动时无后顾之忧。

陈玄礼和高力士远未满足这两个条件。答案只能是太子李亨。

本来唐玄宗在开元三年（公元715年）是册封了次子李瑛为太子的，但到了开元二十六年（公元738年），他又把李瑛废为了庶人。

在皇太子之位悬空那段日子，时任宰相的李林甫等人极力主张立武惠妃之子寿王李瑁为太子。但唐玄宗经过反复斟酌，最终立了第三子忠王李亨为太子。

唐玄宗这么做，等于是让李亨与李林甫等人结仇了。

李林甫他们之前是拥戴李瑁的，一旦李亨继位了，他们能有好果子吃吗？为了消除灾难，他们必须在李亨当上皇帝之前，把他拉下太子位，再拥李瑁上位。为此，他们玩了不少阴谋诡计，企图搞垮搞死李亨。

那个时候，杨国忠为了谋取高位，正依附于李林甫，为谋害李亨，他可没少使绊子拍板砖。当李林甫已死，杨国忠便独揽了搞倒搞臭李亨的大任，一意和李亨做斗争。李亨为了保卫自己的皇权继承权，也只能硬起头皮与杨国忠鱼死网破地斗下去。

安史之乱爆发之后，唐玄宗是想禅位给李亨，让李亨接手这个烂摊子的。杨国忠不干，他知道，李亨一旦即位，他杨氏家族就完蛋了。他让杨贵妃"衔土请命"，打消了唐玄宗的念头。李亨登位落空，怒火中烧。

而且经过这件事，李亨更加清醒地看出，自己要登帝位就非铲除杨国忠不可。这次离京逃难，目的地是杨国忠的发迹之地四川——杨国忠曾经兼任过剑南节度使，四川是他经营多年的地盘，一旦入蜀，他李亨将再无出头之日。所以，李亨必须铤而走险，在半路上发难。

他让自己的心腹宦官李辅国去拉拢禁军首领陈玄礼，以非常手段除掉杨国忠。

那唐玄宗只顾着仓皇出逃，随行的队伍只有三千余人，其中有两千人由负责殿后的李亨带领，李亨有足够的权力发起这场兵变。

所以，经过一番周密谋划，马嵬驿兵变发生了。

兵变发生以后，马嵬民众请求唐玄宗留下。

唐玄宗不敢，任命李亨为天下兵马大元帅，留下收集部队对抗叛军，自己入蜀逃命去了。

李亨在杜鸿渐等人的陪同下，抵达朔方军大本营灵武，经过精心筹备登基为帝，遥尊唐玄宗为太上皇。

杨贵妃安禄山绯闻之谜：杨给安洗澡唐玄宗为何不阻止？

安禄山和杨贵妃之间的绯闻的确极富吸引力。

别的不说，单单说长篇小说《红楼梦》写秦可卿卧室里的陈设，提到了有武则天镜室中的宝镜、有赵飞燕立着舞过的金盘、有寿昌公主与含章殿下卧的榻、有同昌公主用的联珠帐等，其中，最让人耸然动容的是：居然有安禄山掷过伤了杨贵妃身体的木瓜！

秦可卿的卧室里还挂有一张唐伯虎画的《海棠春睡图》。那么可知，《红楼梦》里面的故事是发生在有唐伯虎之后的时代了。唐朝的木瓜当然不能保留到明朝以后。

那么，《红楼梦》对秦可卿卧室里的陈设这一大堆陈述肯定不是真实存在的，而只是着意形容奢华富丽罢了。不过，就这个木瓜，就足以说明安禄山和杨贵妃绯闻影响力之巨了。

木瓜的故事来源于哪本书的记载呢？

宋朝人高承所著《事物纪原》卷三记载有这件事，说是安禄山这个死胖子太过粗野，他动作幅度太大伤到了杨贵妃。杨贵妃又羞又急，急中生智发明了一件名叫"诃子"的短衣，很好地遮掩住了伤痕。

高承生活的时代距离杨贵妃的时代相隔一两百年，那他是怎么知道这个秘密的呢？

高承言之凿凿，说自己是从一本名叫《唐宋遗史》的书上看到的。

但问题是，现在根本查不到《唐宋遗史》这本书，我怀疑这本书根本就是高承无中生有杜撰出来的。就算这本书真有，后来失传了，但从书名看，它也是宋朝人的作品，所说事件的真实性仍值得怀疑。

除了木瓜，其他诸如《杨太真外传》《禄山事迹》《开元天宝遗事》《唐史演义》《梧桐雨》等野史、稗记、小说、杂剧，也都绘声绘色地讲述安禄山和杨贵妃的不正当关系。但这些书全都是小说家语，是小说家根据联想和想象虚构出来的，可信度就更加低了。

真正有分量的正史《新唐书》里有写道：安禄山有边功，成了唐玄宗的宠臣，被唐玄宗安排与杨家诸姨结为兄弟，另拜杨贵妃为干娘。

这只是一个认干娘的过程，没有什么。

不过，安禄山认干娘的时间大概是天宝三年（公元744年），这年唐玄宗五十九岁，安禄山四十一岁，杨贵妃二十五岁。

干娘和干儿子都是狼虎之年，这也无怪让人想入非非了。

倒是《通鉴纪事本末·安史之乱》里记载有杨贵妃替安禄山举行了隆重的"洗三"活动。

不过，这个活动，是杨贵妃坐在高高的楼台上，掩口笑看楼下宦官七手八脚把用浴巾包裹好的安禄山往一口大锅里扔，就像观看一场蹩脚的闹剧，根本算不上什么绯闻。

杨贵妃死于天宝十五年（公元756年）六月十四日，是在跟随唐玄宗流亡蜀中途中，被哗变士兵逼死于马嵬驿。

而安禄山由于身体肥胖长年长疮疖，起兵叛乱之后视力渐渐模糊，在杨贵妃自尽时，他已完全失明，且全身长满块状毒疮，在短短几个月之后，他就被儿子安庆绪串通李猪儿杀死了。

就算是杨贵妃给安禄山洗澡，那画面，也绝不是您想象中那么污。

说白了，就是个游戏罢了。

话说回来，杨贵妃为什么要给安禄山"洗澡"呢？

原来，唐朝有一个叫"洗三"的民俗，即新生儿出生后第三天举行沐浴仪式，说是为婴儿洗涤污秽，同时为婴儿祈福祝愿，也叫"三朝洗儿"。

这之前，唐玄宗为了笼络安禄山，不是默认安禄山拜杨贵妃为母了吗？

那么，安大胖子蹬鼻上眼，就在认母后第三天扮萌卖乖地邀请杨贵妃为自己"洗三"，目的是讨好邀宠，获取更加丰厚的政治资本。

所以，安禄山认母和杨贵妃洗三，都是双方为了追求最佳利益所做出的"非常规"行为。

这个事的可信度还是非常高的。

北宋司马光组织撰写《资治通鉴》时，就郑重其事地进行了录述，称"上闻后宫喧笑，问其故，左右以贵妃三日洗禄儿对。上自往观之，喜，赐贵妃洗儿金银钱，复厚赐禄山，尽欢而罢"。

但清代古板严肃的纪晓岚等人在编著《历代御批通鉴辑鉴》时，竟然认为《资治通鉴》记载此事"皆出《安禄山事迹》及《天宝遗事》诸稗史，恐非实录"。与之同时代的袁枚斥骂这只是故意"污唐家宫闱"的"村巷俚言"。

不过，像纪晓岚、袁枚这些迂腐文人，哪能理解得了政治场上的复杂和污垢呢？

杨贵妃是否死在了马嵬驿？

日本影星山口百惠是20世纪70年代"天皇巨星"级别的人物，但她却在红透东南亚的时候毅然退出了演艺界。

尽管如此，三十多年来，她依然令无数影迷怀念万分。

她那清纯的面孔，甜蜜的微笑，清澈如水的亮眸，已经深植在影迷的脑子里。

谁也没有想到，息影多年的山口百惠突然会在2002年现身并高调表示："我是中国杨贵妃的后代。"

实际上，早在1986年春，就有日本山口家族的人携带一本康熙二十九年（公元1689年）修的杨氏宗谱到中国来寻祖认根，而在1998年2月，山口家族重入三门县沙柳镇溪头杨《石林杨氏宗谱》，正式认祖归宗。

所以说，山口百惠身上流着中国杨姓人的血液，倒也不一定是虚言，但要说她是杨贵妃的后代，那就值得商榷了。

首先，杨贵妃在日本是很有名的，一般的日本人都知道：古代中国有两大名人，一位是孔子，另一位就是杨贵妃。中国将杨贵妃列为"中国四大美女"之一，日本还要厉害，将杨贵妃列为"世界三大美女"之一，另两位世界级美女是埃及皇后克利奥帕特拉七世，和日本平安时代的贵妃小野小町。小野小町不只是美貌让世人倾倒，还是平安时期著名的诗人，与杨贵妃几乎同一时代的美女。

杨贵妃是如此有名的人物，山口百惠认她为先祖母，那也不奇怪，毕竟大多数人都有认历史名人为祖的心理。

问题是，这么说到底有没有根据。

著名"红学家"俞平伯先生根据白居易《长恨歌》里写的诗句，"马嵬坡下泥土中，不见玉颜空死处"，就指出说人们在马嵬坡上没有找杨贵妃的遗体，即当年杨贵妃并没有被勒死在马嵬坡。真实的情况是军中主帅陈玄礼怜惜杨贵妃貌美，不忍杀害，私下与唐玄宗的重臣高力士密谋以侍女代替。高力士后来向将士们展示的贵妃遗体其实是侍女的替身，杨贵妃本人则由陈玄礼的亲信护送南逃，从江苏的扬州市扬帆出海，乘坐"空舻舟"漂流到日本一个叫作"唐渡口"的地方，即如今日本山口县的久津村。唐玄宗平定安史之乱之后，曾派方士出海寻找。在久津找到杨贵妃后，方士还将唐玄宗所赠的二尊佛像交给了她，杨贵妃则赠玉簪作为答礼。这二尊佛像现在还供奉在日本的久津院内，称二尊院。杨贵妃死后，当地人将其葬在此处，此处就以"杨贵妃之乡"而闻名，而山口百惠就是生长在"杨贵妃之乡"的人。

供奉杨贵妃墓的二尊院的长老慧学和尚曾经用文字记述说："天宝十五年七月，唐玄宗爱妃杨玉环，乘空舻舟于久津唐渡口登岸。登岸后不久死去，里人相寄，葬于庙后。"天宝十五年，就是公元756年。

相关的情节，日本南宫博的《杨贵妃外传》和渡边龙策的《杨贵妃复活秘史》中都有描述。

但白居易的《长恨歌》、南宫博的《杨贵妃外传》和渡边龙策的《杨贵妃复活秘史》都是文学作品，能有多少可靠性呢？

正史记载，唐玄宗皇帝回长安后，曾秘密令宦官改葬贵妃，去改葬的人回来报告的情况有两种记载：《旧唐书》里说"肌肤已坏，而香囊犹在"；而新唐书里却只有"香囊犹在"。

挖回来的香囊至今珍藏在陕西省宝鸡市法门寺博物馆内，有兴趣的读者可以去参观。

这种香囊在当时也叫"香球"，香囊里有两个持平环，里面有一个小钵盂，无论怎样转动，这个钵盂始终与地面保持平行，里面的香料就不会轻易洒落出来。

香囊犹在，那么杨贵妃的尸体（或者说是传说中侍女的尸体）肌肤已坏或者干脆失踪，都算是无可查证了，所以无论哪一种记载，对事件的真相都不会产生大的影响。但即使代死的真的只是一个侍女，杨贵妃真的脱逃了，那她能够顺利渡海，到达日本吗？

中国人民大学历史系刘厚滨教授分析，虽说唐朝和日本有商贸往来，但受航海能力的限制，路途还是充满了艰辛。以鉴真和尚为例，他在太平年代东渡日本，前后历经十一年，经历了五次失败才最终成功。杨贵妃一个弱女子，在兵荒马乱之中，又怎么可能通过漫长的敌占区渡海成功呢！

就算杨贵妃真的平安到达了日本，但也不可能在日本结婚生子传下后代。

因为杨贵妃自十七岁出阁，先嫁给了唐玄宗十八岁的儿子寿王李瑁，共同生活了将近十年，后被唐玄宗看中，封为贵妃，又在唐玄宗身边生活了十年，马嵬坡事件时才三十八岁。想想看，二十多年时间，陪伴过两个男人，都没有生育过一男半女，而唐玄宗和寿王李瑁都和其他女人生育了不少子女，这说明什么？说明杨贵妃很可能是没有生育能力的，很难想象，到了日本已年近不惑之身的杨贵妃又生下了后代。

所以，山口百惠的宣言注定是一句空话。

而在四川都江堰市的红梅村有一座千年古墓，世代村民都说，那是真正的杨贵妃墓。

1997年，该市和红梅村联合对该墓实行挖掘。

这个千年古墓属于暗墓，村民们回忆，墓地上原来是有墓碑的，上面刻的字迹很模糊，但那一个"杨"字依稀可辨。只不过，"文化大革命"时期墓碑就不存在了。

考古工作人员到了墓地现场后，发现墓地已被种上了庄稼，只有一块破陋的祭台青砖还留着。

后来从祭台后面往下挖，还真挖出了一具棺木。棺木长仅1.7米，宽仅45厘米，无疑是装女人的棺木。

从村民的述说和对棺木及遗骸的考察来看，说这是杨贵妃的墓，还是有一定可信度的。

李白妻

揭秘诗仙李白的私人情感世界

通常诗人和艺术家的感情是极其丰富的，常常丰富到无处安放，所以诗人和艺术家闹出的绯闻最多。

作为诗人的代表，李白自然也不例外。

魏颢，是李白的铁杆粉丝。

天宝十三年（公元754年）这一年，魏颢有幸见到了李白，采访了李白关于创作、爱情和事业的许多话题。

李白很看好小伙子魏颢，采访结束后对魏颢说了很多鼓励的话。魏颢后来也不负李白的期望，顺利考上了进士。

魏颢采访李白时，李白已经五十四岁了。对于李白五十四岁之前的婚姻生活，魏颢在《李翰林集序》中如实地做了记录："白始娶于许，生一女，一男曰明月奴，女既嫁而卒。又合于刘，刘诀。次合于鲁一妇人，生子曰颇黎。终娶于宗。"

也就是说，李白结过四次婚。

"白始娶于许"，是说李白娶了一个许氏夫人。严格意义上来说，魏颢在这儿所用的"娶"字是在为尊者讳了。因为李白之于许氏夫人，并不是"娶"而是"嫁"，您没有听错，是李白嫁到许氏家里，也就是"入赘"，即俗话说的"倒插门"。在中国古代，男人娶女人进家，那是天经地义，而如果男人入赘到女人家，那可是很让人瞧不起，搞不好会遭到全社会鄙视的。这也是魏颢为什么要为尊者讳的原因。

不过，李白是豪放派诗人的代表，其为人豪放，眼里根本没有"娶"和"入赘"的区别，和别人谈起这个话题时，从不遮遮掩掩藏着掖着。他在开元十八年（公元730年）所作《上安州裴长史书》中就大大方方地谈论起这桩婚事："南穷苍梧，东涉溟海。见乡人相如大夸云梦之事，云梦有七泽，遂来观焉。而许相公家见招，妻以孙女，便憩迹于此，至移三霜焉。"

即因为司马相如赞叹湖北云梦地区的风光，我就跑到湖北来观赏了。被许相公家招为上门女婿，和他的孙女结婚了。

李白所说的"许相公"是曾经在唐高宗龙朔年间担任左相的许圉师。李白是个官迷，到京城跑官跑了两年，却两手空空一事无成。没办法，只好散发弄舟浪迹江湖，不承想在湖北安陆与许圉师的孙女结了婚。

许圉师的孙女长得怎样不得而知，但很明显李白之所以同意这门亲事，主要原因不在女方的相貌而在女方的家世和身份。

从这件事看来，"诗仙"李白不但没有半点仙气，反而俗气得很。

这一场婚姻虽然没能为李白成功地架起一座通往官场的桥梁，但由于许家的关系，李白还是积累了大量的人脉资源，包括唐玄宗的妹妹玉真公主和贺知章等人。

魏颢说李白"娶"了许氏后，"生一女，一男曰明月奴，女既嫁而卒"。意思是说许氏为李白生了一个女儿和一个儿子，女儿的名字没说，儿子的名字叫明月奴。女儿嫁人后就死了。

实际上，"明月奴"只是李白儿子的小名，李白给儿子取的大名是"伯禽"；至于女儿，李白给她取的名字是"平阳"。"伯禽"是西周时杰出政治家周公的长子的名字，"平阳"是汉武帝姐姐的名字。给儿女起这样的名字，可以从一个侧面反映出李白的政治抱负。

天宝十二年（公元753年），李白在宣城所作《秋于敬亭送从侄耑游庐山序》中说自己"酒隐安陆，蹉跎十年"，即李白与许氏结婚后安家于安陆（今湖北省安陆市）达十年之久。许氏去世后，李白一家人离开了安陆。

走进李白生命中的第二个女人姓刘。关于这位刘氏，魏颢的用词极其谨慎："合。"显然，这个"合"字是有别于"娶"字的。"娶"，那是明媒正娶，举行过正式的结婚仪式的；"合"嘛，虽说不至于是"野合"，但也只能是一种同居关系，没有举行过婚礼。

在与刘氏同居的日子里，李白并不幸福。这从李白在《南陵别儿童入京》一诗中就可以得知。该诗中，李白痛斥刘氏是"会稽愚妇轻买臣"。

会稽，即现在的绍兴。话说西汉时期，会稽读书人朱买臣家贫，常边砍柴边读书。他的妻子深以为耻，经常污辱朱买臣，闹离婚。两人离婚后，朱买臣时来运转，先被汉武帝拜为中大夫，后来又任命为会稽太守。

李白以朱买臣自比，讥讽刘氏就是那个离朱买臣而去的愚妇。可见，李白平日没少遭受刘氏的污辱和讥笑。那么，刘氏在污辱和讥笑李白什么呢？当然是李白在仕途上拼命往上爬也没爬出个结果啊。

想想也是，李白虽然满腹华章诗句灿然，但也同样少不了油盐酱醋茶的尴尬啊！

最让李白大为光火的是，刘氏不但当着他的面数落挖苦他没有本事，还在外面搬弄是非说了他不少坏话，让他尊严尽失。为此，李白不得不写诗自辩，他在《雪谗诗赠友人》中骂刘氏："彼妇人之猖狂，不如鹊之强强；彼妇人之淫昏，不如鹑之奔奔；坦荡君子，无悦簧言！"夫妻间的矛盾已经公开化，结局就不言而喻了。

不过，这次"离婚"，居然还是李白"被离婚"的。刘氏竟主动和李白提出分手诀别，然后跟别人私奔了。这就是魏颢所记的："刘诀。"

李白失去了刘氏后，举家迁移到了鲁郡兖州任城（今山东省济宁市）。

之所以迁居到这，李白在《五月东鲁行答汶上翁》诗中解释是："顾余不及仕，学剑来山东。"意思是说：老夫没能混上任何官职，就到山东学习剑法了。

事实也是如此。

在任城，李白拜舞剑大师裴旻学剑，学到了一套出神入化的剑法。此外，他还和一个女子同居了。即魏颢所记的："次合于鲁一妇人。"这位无名的东鲁女子还为李白生下了个儿子，李白给这个儿子取名"颇黎"，也就是"玻璃"，在唐代"玻璃"指的是"水晶石"，那是比较贵重的东西。

天宝元年（公元742年），李白诗名满天下，唐玄宗起了兴趣，下诏召见。已经四十一岁的李白就把前妻许氏生的两个孩子伯禽、平阳托付给同居的东鲁女子，然后兴冲冲地上京了。

李白只是一个诗人，做做文字方面的工作那没有问题，但要玩政治，这就不好说了。偏偏李白不仅要玩政治，还想执掌相权，胃口极大。这当然也注定了他的愿望要落空。

在京城逗留了两年，李白得到了大量的奖赏和更高的名声，但还没能得到自己想要的政治地位，只好怅然东下，漫游梁、宋、齐、鲁等地。也在这次游历中，他与杜甫、高适等人结下了深厚的情谊。

到了河南开封，李白酒醉梁园，信手在墙上写了一首《梁园吟》。据说，有一个女子读了这首诗，爱屋及乌花费千金买下了这面墙壁。李白知道后，也就和这位女子成就了一段姻缘。这位女子姓宗，是武则天朝宰相宗楚客的孙女，也即是魏颢所记录的"终娶于宗"的"宗氏"。

这场婚事，李白仍然是"入赘"的方式完成的。李白当不成宰相，却先后娶了两位宰相的孙女为妻，这也算得上心理上的一种补偿吧。

在梁园做上门女婿的日子，李白还是非常怀念东鲁女子和两子一女的，他曾写了一首《寄东鲁二稚子》表达了自己的绵绵思念之情，其中有这样几句：

娇女字平阳，折花倚桃边。

折花不见我，泪下如流泉。

小儿名伯禽，与姊亦齐肩。

双行桃树下，抚背复谁怜？

李白与宗氏结婚后共同生活了八年，宗氏没有给李白留下子嗣。

安史之乱爆发后，李白与宗氏逃奔至庐山屏风叠隐居。

后来，永王李璘造反请李白出山，李白官迷心窍没有辨明形势，傻乎乎地上了李璘的贼船。不久，永王的叛乱被朝廷平息，李白被流放夜郎（今贵州桐梓县）。

从李白接受永王邀请而参与造反的表现来看，李白的确不是搞政治的料，道行浅又没什么政治眼光，早知如此，何必当初？

李白除了政治外行之外，做丈夫、做父亲也很失败。李白也承认自己深负美人恩，曾写《赠内》（应该是写给宗氏的）诗自我解嘲说：

三百六十日，日日醉如泥。

嫁与李白妇，何如太常妻。

一个大男人，一天到晚吊儿郎当烂醉如泥，可不是哪个女人嫁了哪个女人倒霉！

对儿女也没尽到父亲的责任，没有很好地教育，伯禽和颇黎两人长大后都是平庸之辈。

而李白除了经常烂醉之外，作为浪漫的诗人自然也很滥情。魏颢在《李翰林集序》还中说："间携昭阳、金陵之妓，迹类谢康乐，世号为李东山，骏马美姜，所适二千石郊迎，饮数斗醉。"

昭阳是汉代的宫殿名，金陵是六朝佳丽地。谢康乐是东晋大诗人谢灵运，东山代指大名士谢安。魏颢是说，李白间或会带着昭阳、金陵的妓女，效仿谢康乐那样出游，被世人起了个"李东山"的外号，骑骏马、携美姜，所到之处常有领二千石以上俸禄的官员郊迎，饮好几斗美酒而醉。

这样的李白，太不靠谱。

张巡妻
薄命如烟，在史册缝隙轻抹一道红

云娘是谯郡城东北杜家的小女儿，肌肤如雪，云鬓如雾，手如柔荑，齿如瓠犀，华容绝代，婉若游龙，翩若惊鸿。

云娘未出阁前，人们见了她都禁不住会想："这么漂亮的小姑娘，要什么样的人才配娶她？"

而等云娘到了十六岁，终于许配了人家，尽管只是许配给人家做妾，人们也都心悦诚服地认可和接受了他们的结合，认为这是天造地设的一双璧人。

云娘的夫婿是河东蒲州人氏，和关帝爷是同乡，能文能武，中进士后以太子通事舍人出任真源县县令，晓通战阵兵法，能上马提枪驰骋沙场，志气远大不拘小节。

王昌龄曾赋诗云："闺中少妇不知愁，春日凝妆上翠楼。忽见陌头杨柳色，悔教夫婿觅封侯。"

可真实的云娘从来没有过"悔教夫婿觅封侯"的感觉，真的。

夫婿待她很好，爱她疼她怜她惜她，可谓无微不至，宠爱万千。

云娘觉得自己仿佛就生活梦里，是那么的不真实。

美丽、幸福、宠爱……女人该得的她都得到了，上天不可能这么专注地偏爱和眷顾着一个人，所以云娘无法做到心安理得。

所有自然而然的一切，云娘都带有一种诚惶诚恐的不安；所有水到渠成的结局，云娘都感觉到背后隐藏着什么阴谋。

一句话，生活在幸福里的云娘其实并不幸福。

云娘只是一个普通农庄里的孩子，按照她奶奶的话说"她不该享受那么大的福气"。

云娘奶奶说："人的这一辈子，祸福是匀做两头分的，你前辈子福分厚了，后辈子就要困厄在灾祸里来偿还，我在替你的后来担忧。"

奶奶快八十岁了，见证过很多世事的流转和变更，她的话是饱含着人生浓浓的体验和深深的道理的。云娘因此活得不踏实。

多少次，她从睡梦里醒来却仍然怀疑自己还在睡梦里，她想尽各种方法弄痛自己，想让自己从现实的梦境里醒来，可是现实的梦境却是客观而坚硬地存在着。

日子如同流水一样，叮叮咚咚，悦耳动听。幸福日复一日，云娘却提心吊胆着梦醒时分的到来。

是的，"是福不是祸，是祸躲不过"，该来的终究会来，云娘担心的事儿终于爆发了。

天宝十四年（公元755年）冬，安史之乱爆发。短短数月之间，安禄山就攻陷东都洛阳并称帝，国号为"大燕"。天宝十五年（公元756年），燕军将领张通晤攻陷宋、曹等州，谯郡太守杨万石降。承平日久的大唐河山顿时色变，局势如棋，风云激荡。

真源县属于谯郡的辖地，杨万石降敌后，威逼云娘的夫婿为长史，负责向西接应燕军。在生死存亡的两难选择间，云娘夫婿不愧是顶天立地的好男儿，愤然撕毁了杨万石的手令，率吏民大哭于真源玄元皇帝祠，起兵对抗燕军。

不久，唐河南都知兵马使、灵昌太守吴王李祗大军杀到，在宋州大败张通晤，局势稍为平息。然而，雍丘县令令狐潮率全县投向燕军，反率大批燕军东击襄邑。夫婿率真源兵乘虚而入，攻占了雍丘。

谁也没有想到，雍丘从此成了一个巨大的坟墓。

肃宗至德元年（公元756年）二月，令狐潮领燕军一万五千人回夺雍丘，将雍丘城围了个水泄不通。河南都知兵马使吴王李祗多次入援，均无功而返。所幸夫婿神勇，仍牢牢地将雍丘城掌握在手中。吴王李祗也因此举荐云娘的夫婿为委巡院经略。

一个月之后，令狐潮会同燕军将领李怀仙、杨朝宗、谢元同等率兵四万余人蜂拥来到城下，企图一举攻下雍丘城。雍丘城内守军仅有两千余人，夫婿却指挥若定，不屈不挠地与强大的叛军展开搏杀。

从春三月到该年的冬十二月，夫婿身先士卒，带甲而食，裹伤战斗，死守雍丘，进行了大小三百余场搏杀，给叛军以极大杀伤。

令狐潮屡攻不下，就在雍丘北面的杞州筑城以断雍丘的粮食补给，并加大清扫力度，扫除雍丘的外围援助，连陷鲁郡（今山东省济宁市兖州区）、东平郡（今山东省泰安市东平北）、济阴郡（今山东省菏泽市定陶区）等城。

没奈何，夫婿被迫放弃了雍丘移师向东，以睢阳为根据地继续与叛军死磕。

凭借着睢阳坚城，夫婿斩杀贼卒十二万人，有力地保障了大唐帝国东南的安全，为大唐平定安史之乱立下奇功。不过，睢阳军民也付出了巨大的代价。在叛军的重重围困下，城中的守军只有千余人，且每人每日才能分到一勺米，饥了只好吃树皮和纸。随着围困时间的推移，越来越多人因饥饿死去，他们仅靠麻雀、老鼠及铠甲、弓箭上的皮革泡水充饥而留存下来的，也都受伤或疲惫不堪。

这种背景下，云娘偿还"福"债的时间来了。

那天，一直爱她疼她的丈夫眼睛里发出了可怕的光，恶狠狠地盯着她，像野兽，要吃人。是的，要吃人！

云娘的夫婿即历史上大大有名的张巡！

张巡宰杀了手如柔荑、肤如凝脂云娘，对着军士们振振有词地说："请诸公为国家勠力守城，一心无二。张巡不能自割肌肤，以啖将士，岂可惜此妇人！"

张巡此举，博得了忠义美名，永载史册。可怜的云娘，一缕芳魂，就此消失在故纸堆里。千百年来，没有人关心过她的姓名，她曾经的存在，在苍生漠视的目光里，仿佛只是张巡曾经豢养过的家禽或者家畜，必要的时候，就被宰杀来飨客，仅此而已。

而在张巡的带领下，睢阳城内刮起了一股吃人风潮，史载"括城中妇人既尽，以男夫老小继之，所食人口二三万"，真是骇人听闻！

这二三万被吃的人，命运都和云娘一样，在世人眼中扮演着家禽或者家畜的角色，没有人关心他们曾经面对的恐惧和痛苦，也没有人同情他们的遭遇，大家的目光都盯着睢阳城的存亡和张巡们事业的成败，感佩张巡们的伟大，歌颂张巡们的业绩……

有时候想想，为了忠于一个君主，或者忠于一个郡责，为了保住一座城池，便吃人上两三万而不顾，是不是有些丧心病狂了？

以史为鉴，读史明理。

读史，有时候必须保持清醒的头脑，不能被史书里某些糟粕的东西毒害了脑子。

像张巡这样蹂躏人道、蔑视人格的行为是不能提倡的。

当然，较起真来，张巡也是一个受毒害者。

君不见，《后汉书·臧洪传》里就载有臧洪杀爱妾以飨兵将的"壮烈"和"忠义"之举？说不定，张巡就是以臧洪作为榜样来学习的。

高阳公主
唐僧与女儿国国王相爱了？来，我们来看个真人版的！

电视剧《西游记》中女儿国国王送别唐僧的插曲《相见时难别亦难》中唱道：鸳鸯双栖蝶双飞，满园春色惹人醉，悄悄问圣僧，女儿美不美，女儿美不美，说什么王权富贵，怕什么戒律清规，只愿天长地久，与我意中人儿紧相随……

西梁女儿国的国王爱上了唐僧，三番四次试探和唐僧游园，其情真意切，寻常人不免心意荡漾、情难自抑。可是，大唐圣僧三藏和尚无动于衷，眼观鼻、鼻观心、大义凛然，严词拒绝了女王的挑逗，与一只"猴子"、一头

"猪"和一个沙和尚义无反顾地走上了前往西天的大路。

看到这儿，男读者大多怅然若失，连呼惋惜；女读者可能要骂这个圣僧真是个比木头和尚还要木头和尚的呆子，辜负了可人儿的一番心意。

文学构思出的遗憾，营造出了艺术的冲突。

想想看，如果圣僧从了女王，就算不能"与我意中人儿紧相随"，仅仅是楚留香式的"金风玉露一相逢"，其结果也是大煞风景的。

《水浒传》里说了："一字是僧，二字是和尚，三字是鬼乐宫，四字是色中饿鬼。"圣僧从了女王，圣僧的形象就会被杨雄、石秀刀下的裴如海所代替。

当然，《西游记》里的唐僧也好，《水浒传》里的裴如海也罢，都是虚构的人物形象。下面我们来说一下历史上真正的高僧与公主相爱的故事。

和尚与女王相爱的故事也有，比如薛怀义与武则天。但薛怀义是个假和尚，他是为了与武则天偷情方便，才剃了头成为和尚的。这里要说的和尚，法号辩机，那可真是历史上有名的高僧。

《大唐西域记校注》卷十二《记赞》中是这样描写辩机的："辩机远承轻举之胤，少怀高蹈之节，年方志学，抽簪革服，为大总持寺萨婆多部道岳法师弟子。"实际上，这《记赞》里的文字，就是辩机本人写的。自己这样评价自己不觉得脸红，一方面是他本人志存高远，以高才自许；另一方面，他也真当得起这段评语。

辩机自小就勤奋好学，十五岁削发为僧，拜大总持寺高僧道岳法师为师。道岳法师后来被任为普光寺寺主，辩机则改住位于长安城西北金城坊的会昌寺。辩机曾抄写大量流传至今的佛教经典，潜心钻研佛学理论，以佛法修为高深、文学程度高及擅于撰文著称。

贞观十九年（公元645年）正月，《西游记》里唐僧的原型玄奘大师求经东归，奉旨在弘福寺主持翻译西来的经文。

因经文太多，玄奘一个人忙不过来，就秉承皇帝旨意首开译场，公开招聘译员。辩机以其高才博识、文采出众和仪容风雅，被选入玄奘译场，成为九名缀文大德之一。这一年，辩机只有二十六岁。

　　然而一次偶然的机会，辩机结识了唐太宗李世民的爱女高阳公主，两人相爱了。

　　到底两人是怎么相爱的，史书记载得很简单。

　　《新唐书》是这样说的："初，浮屠庐主之封地，会主与遗爱猎，见而悦之，具帐其庐，与之乱，更以二女子从遗爱，私饷亿计。"

　　这段文字的意思是：辩机出家的会昌寺在高阳公主的封地内，高阳公主与房遗爱（房玄龄之子，高阳公主的老公）打猎，在寺内遇上后俩人一见钟情。当晚，公主就在寺内过夜，两人发生了关系，生下了一子一女记在房遗爱名下，赏赐给辩机的钱以亿万计。

　　天下没有不透风的墙。两人的乱搞行为终于东窗事发。真是家风败坏，老脸丢尽。唐太宗老羞成怒，下诏将辩机处以腰斩极刑。颈和腰，是人体最为脆弱的部位。刀从颈脖砍去，那就是砍头，虽然惨烈，但颈脖一断，人停止了呼吸，脑意识死亡，可能不会有大的痛苦。但是刀从腰部斩断，身体分成两半，人却不会马上死亡，还要经受几个时辰的剧痛，可真是惨绝人寰残忍至极。称腰斩为极刑，的确一点也不为过。

　　一般人不等铡刀下落，早已魂飞魄散，不省人事了。

　　电视连续剧《大唐情史》里面，却别出心裁地给受刑的辩机加了一段戏：辩机仰卧在铡刀下，他脸色从容目光平静如水，此时水里映出了一个蠕动着的小东西——爬动在刀刃上的一只蚂蚁。辩机的目光顿时变得无比温柔，他轻轻地拈起蚂蚁小心地放到一边，然后才缓缓闭上眼睛等待铡刀落下。

　　这段戏，真心希望是真实的历史。辩机是高僧嘛，他这么做，我们一点也不觉得突兀和惊奇。

可高僧又怎么样？与公主私通后，辩机的名声早就被打下了十八层地狱，被斥骂为淫僧、恶僧，名列正史，千百年来饱受诟病甚至是口诛笔伐。

所以，唐僧拒绝女儿国王是明智的，其实也是大家内心深处里一直所希望的。

宜芳公主
唐朝最悲惨的和亲公主

汉、唐都是中国古代历史上的伟大王朝，所谓汉家气魄、唐家雄魂。相同的还有，这两个朝代都热衷于和周边少数民族搞"和亲"。

如果说西汉对外和亲的记载只有九处的话，唐朝的和亲记载就是其两倍！

千古一帝唐太宗最舍得下本，他许嫁薛延陀王真珠可汗的那可是亲生女儿新兴公主！

唐中宗把金城公主进贡给吐蕃人后，吐蕃人仍不满足，不断入侵。继位的唐睿宗不胜其扰，只得把黄河河西九曲之地割让给吐蕃，让吐蕃取得战略地理上的优势。这是唐朝"和亲史"上最赔本的一次屈辱和亲，也是唐朝割地的开始。

唐玄宗时期更是唐朝屈辱和亲的密集期，这期间永乐公主、燕郡公主、东华公主、宜芳公主、固安公主、静乐公主、东光公主等先后与契丹人和奚人和亲，但契丹人与奚人并不领情，竟把这些和亲公主像宰猪羊一样宰杀了，其中最惨的是宜芳公主。

宜芳公主是唐玄宗妹妹长宁公主的女儿，唐玄宗为了与奚族首领李延宠交好，遣宜芳公主前往东北和李延宠成亲。宜芳公主经内蒙古辗转到达了奚族部落与李延宠完婚。

李延宠本人并非真心归附唐朝，他一直包藏反叛之心，秘密联络周边的少数民族反叛唐朝。当他与崛起的契丹族达成共同起兵反叛大唐的协议时，为了表明决心，他悍然将前来和亲的宜芳公主斩杀祭旗以壮军威。

自古以来，和亲的公主多不得善终，但宜芳公主的下场堪称悲惨之最，刚成亲就被当成牲品砍下了头颅，时年只有十七岁。

《剑桥中国辽西夏金元史》记："745年，唐廷试图用建立新通婚联盟的办法来恢复和契丹的关系，但是没有成功，送去的皇室新娘被杀。"相较之下，大明王朝二百七十六年历史，不和亲、不赔款、不割地、不纳贡，天子守国门、君王死社稷，算是中国古代历史上很强硬、很有骨气的王朝了。

关盼盼
白居易逼死了名伎关盼盼？

白居易是唐代伟大的现实主义诗人，在诗坛享有极高的地位，他一生的沉浮和身后毁誉与他的诗作紧密相连。

他生于官宦人家，但出生之后不久，家乡河南新郑（今河南省郑州新郑市）便陷入战乱之中。

当时，自领平卢淄青节度使的李正己与田承嗣、薛嵩、李宝臣、梁崇义相互勾连，趁着汴州（今河南省开封市）李灵曜反叛，发兵占领曹、濮、徐、兖、郓等五州，下辖十五州之地，搞得民不聊生。

白居易的父亲白季庚先由宋州司户参军授徐州彭城县县令，不久与徐州刺史李洧坚守徐州有功，升任徐州别驾。

为避徐州战乱，白季庚家属送往宿州符离安居，因此白居易在宿州符离度过了他的童年时光。

白居易自小聪颖过人，读书又异常刻苦，年纪轻轻就已经头发泛白。

白居易诗名很响，在仕途上升迁很快。

在左拾遗任上，他频繁上书言事，写了大量反映社会现实的诗作，希望以此补察时政。唐宪宗不胜其烦，曾向人抱怨："白居易的名位，全赖朕破格拔擢，却屡屡无礼于朕，朕实难奈。"

元和十年（公元815年），白居易的母亲看花坠井去世，白居易的诗作里出有大量"赏花""新井"之类的诗，被认作"大逆不道"，贬黜为江州（今江西省九江市）司马。

白居易从此以妓乐诗酒放纵自娱，低调做人，独善其身，与世无争。不过，他也因此传出了不少风流逸事。

比如，白居易蓄养有大量家妓，其中名字进入他的诗作的就有十几个，这其中最出名的是小蛮和樊素。白居易曾作诗称："樱桃樊素口，杨柳小蛮腰。"可谓是艳福无边。不过，白居易晚年得了风疾半身麻痹，他不忍耽误众家妓的下半生，发放大量遣散费，让她们各奔前程了。

樊素和小蛮走后，白居易曾写诗怀念：

《杨柳枝》

两枝杨柳小楼中，袅娜多年伴醉翁。

明日放归归去后，世间就不要春风。

《春尽日宴罢感事独吟》

五年三月今朝尽，客散筵空掩独扉。

病共乐天相共住，春同樊素一时归。

　　总体上来说，白居易这一生过得还是不错的，尤其是晚年。也正因为其晚年如此幸福美满，就颇受人非议，其中最饱受诟病的，就是他"诗杀"名伎关盼盼的一桩公案。

　　关盼盼既不姓关，名字也不是叫盼盼，其人其事仅见于《白氏长庆集》三卷十五《燕子楼三首并序》的序言。

　　序言大意说的是：徐州已故的张尚书家有一个名叫盼盼的爱伎，善歌舞，优雅大方，风姿楚楚。我在担任校书郎时，曾在徐州、泗州一带交游，有幸到张尚书家做客。宴饮当中，张尚书让盼盼跳舞助兴，主宾欢饮，其乐融融。当时我还作了首诗相赠，其中两句为"醉娇胜不得，风袅牡丹花"。酒散别去，再不相闻，迄今已经有十二年了。昨日，宿州符离人司勋员外郎张仲素（字绘之）来访，自称作有《燕子楼》三首新诗，词句非常婉丽。我细询诗中深意，原来诗是为盼盼作也。绘之跟随武宁军节度使多年，颇知盼盼始末。他说：张尚书既殁，归葬东洛，其彭城有张氏旧第，旧第中有一座小楼，名为燕子楼。盼盼感念旧主之恩，拒不嫁人，在小楼中独居了将近十年，孤独幽冷，如今仍是如此。我既爱绘之的新诗，又感念当年在彭城交游的时光，因同其题，作三绝句。

补充一下，张仲素这三首《燕子楼诗》为：

其一：

楼上残灯伴晓霜，独眠人起合欢床。

相思一夜情多少，地角天涯未是长。

其二：

北邙松柏锁愁烟，燕子楼中思悄然。

自埋剑履歌尘散，红袖香销已十年。

其三：

适看鸿雁洛阳回，又睹玄禽逼社来。

瑶琴玉箫无意绪，任从蛛网任从灰。

不难看出，三首诗全是站在关盼盼的角度，以关盼盼的口吻写成的。

而白居易的三首《燕子楼诗》为：

其一：

满窗明月满帘霜，被冷灯残拂卧床。

燕子楼中霜月夜，秋来只为一人长。

其二：

钿晕罗衫色似烟，几回欲著即潸然。

自从不舞霓裳曲，叠在空箱十一年。

其三：

今春有客洛阳回，曾到尚书墓上来。

见说白杨堪作柱，争教红粉不成灰。

凭良心说，我们看白居易这三首诗，根本看不出有什么催逼或引诱着盼盼去死的元素，纯粹只是为感慨盼盼的遭遇而写，和对盼盼念旧爱而不嫁的深情充满怜悯和感伤而已。

有趣的是，唐五代人韦縠不知从哪儿得到了张仲素三首《燕子楼》的一首，收入了他所著的《才调集》，并把诗的作者说成了"盼盼"。

北宋张君房读了《才调集》中"盼盼"的大作大加赞赏，他把张仲素的三首《燕子楼》都搜罗到了一起并且脑洞大开，给"盼盼"加上"关"姓，称之为"关盼盼"。然后，在自己著作的《丽情集》中，把关盼盼说成是作"有诗近三百首"的才女。

张先生还睁着眼睛说瞎话，说关盼盼出了本诗集名曰《燕子楼集》，但对于这本诗集里的诗，他只列出了三首作品，即张仲素的三首《燕子楼》，这三首《燕子楼》全被他说成了是关盼盼的作品。然后又原原本本地把白居易那三首和诗放上，再加上了一首白居易写作年代更早的《感故张仆射诸妓》，全部说成是白居易写给盼盼的诗。

这首《感故张仆射诸妓》的内容为："黄金不惜买蛾眉，拣得如花三四枝。歌舞教成心力尽，一朝身去不相随。"

意思是：张仆射花了这么多金银买歌伎娇娥，但一日身死，一个也带不走，可惜、可叹。

不过，张君房的《丽情集》里还没有提到关盼盼的最后结局。而且文章一出头就出错了——"张建封仆射节制武宁，舞伎盼盼，公纳之燕子楼。"显然，张君房是把《燕子楼三首并序》序言里提到的"张尚书"说成是唐朝中期名臣、诗人张建封了。张建封在贞元四年（公元788年）授徐泗节度使，累加检校尚书右仆射，即称张建封为"张尚书"是可以的。

但白居易说，他在担任校书郎时曾到张尚书家做客。查史书可知，白居易做校书郎的时间是贞元十九年到元和元年（公元803—806年），而张建封却于贞元十六年（公元800年）去世了，所以白居易说的"张尚书"不应该是张建封，而是张建封之子张愔。

张愔早年以荫补虢州参军事，后被授为右骁卫将军、徐州刺史，知留后，不久又拜武宁军节度使、检校工部尚书。

从这里也可以看出，白居易提到的张仲素跟随武宁军节度使多年的"武宁军节度使"，就是张愔。

张愔治理徐州七年颇有政绩，后又征为兵部尚书，没有到任就死了，赠尚书右仆射。

白居易写的《感故张仆射诸妓》收录在《白氏长庆集》二卷十三律诗，既不是写给关盼盼的，也不是写给张愔的——这里的"张仆射"，指的就是张建封。

在张君房讲述的故事里，关盼盼通过张怀素看到了白居易的《燕子楼三首并序》后，又和了一首诗，诗云：

自守空楼敛恨眉，形同春后牡丹枝。

舍人不会人深意，刚道泉台不去随。

这首诗，一看就知是张君房自己编的。"舍人不会人深意，刚道泉台不去随"这两句，就是大白话，全无诗味。而且，白居易虽被后世称为"白舍人"，但白居易担任"中书舍人"是在唐穆宗长庆元年（公元821年）以后的事，关盼盼不可能在唐宪宗元和十年（公元815年）这样称呼白居易。

另外，"舍人"在宋元时期多用来称呼权贵子弟，但在唐朝并不通行。这明摆着是张君房不辨时间背景，胡编一气嘛。

南宋人计有功不察其错，在自己著作的《唐诗纪事》中，给《丽情集》续了段结尾：关盼盼写"舍人不会人深意，刚道泉台不去随"应和了白居易后，旬日不食而卒。咽气时，又留下了半首残诗："儿童不识冲天物，谩把青泥污雪毫。"这半首残诗更加荒谬不堪——"儿童不识冲天物"，即关盼盼指称白居易为"儿童"，让人觉得不可思议。

但不管如何，张君房和计有功两人合编的故事迅速在民间流传。

到了元明两代，出现了杂剧《关盼盼春风燕子楼》和小说《钱舍人题诗燕子楼》等文学作品，即"白居易以诗逼杀关盼盼"之说几成定论。

清代的《御制全唐诗》里，有两处收载了张仲素的《燕子楼诗三首》，分别归在张仲素和关盼盼名下：在卷三百六十七张仲素条外，标识为"《燕子楼诗三首》，一作关盼盼诗"；在卷八百二关盼盼条处，标识为"关盼盼，徐州妓也，张建封纳之。张殁，独居彭城故燕子楼，历十余年，白居易赠诗讽其死。盼盼得诗，泣曰：妾非不能死，恐我公有从死之妾，玷清范耳，乃和白诗，旬日不食而卒。"

后来沿用了《御制全唐诗》这个说法，"白居易以诗逼杀关盼盼"之说，竟然成了"历史事实"！

崔莺莺
亡国之张生为何对崔莺莺始乱终弃？

张生和崔莺莺的故事，出自唐朝大诗人元稹编撰传奇小说《莺莺传》。

在《莺莺传》之前，大多写情、写爱、写传奇的小说荒诞怪异并有神仙鬼怪参与其中，故事虽然引人入胜，但大家都不当真事看待，一笑而过。

其实《莺莺传》高度写实，时间、地点、时代背景，都与现实挂钩。因此张生和崔莺莺的故事才能流传甚广、影响巨大，不但成为街头巷尾、阡陌水井间的老百姓津津乐道的话题，士子才人也纷纷吟诗作赋并且改编为鼓子词、话本、杂剧，加以推波助澜，其中影响最大的就是王实甫的《西厢记》杂剧。

不过，王实甫的《西厢记》经过改头换面，戏剧性虽然有了，最终却落下了《红楼梦》中贾母所说的才子金榜题名，因为才子与佳人洞房花烛的大团圆俗套，很土、很假。一句话，元稹的《莺莺传》写的全是真人真事。故事中的男主角张生，十有八九就是他自己。

宋人王铚通过一番着力考辨，断定张生就是元稹本人。后世的鲁迅、陈寅恪、岑仲勉等名家也都认为《莺莺传》就是"元稹以张生自寓，述其亲历之境"。

我也认为《莺莺传》中的张生就是元稹。

元稹为什么要写《莺莺传》？原因非常简单。元稹自己经历过这样一段"楚王会神女"的艳遇，并且云消雨过之后晴空万里，没有花费一文钱也不用承担半点责任，他得意扬扬以之作为吹牛的资本，不断在自己的朋友圈里吹嘘，收获一大片艳羡的目光和颂扬的声音，曾经狠狠地满足了自己的虚荣心。

在贞元二十年（公元804年）九月的一天，元稹又将这一艳遇绘声绘色地讲给了新交的好友李绅听——没有错，这个李绅，就是写了"锄禾日当午"的李绅。

李绅听得心痒难搔连呼过瘾，对故事中的崔莺莺渴慕不已，恨自己命运不济，缺此良遇，提笔写了一首《莺莺歌》。

元稹看见李绅反应这么大，也心有感触，觉得不把自己这段艳遇写下来就白瞎了。于是，他以饱满的激情写下了洋洋洒洒的数千字奇文。

故事并不复杂，说的是张生旅居蒲州时遭遇上了兵乱，通过自己的关系找来了蒲州的官兵，救护了寓居于普救寺中的远房姨母郑氏一家。在郑氏的答谢宴上，张生爱上了表妹莺莺。几经试探两人好上了，在西厢忘情厮混不知今夕何夕。后来张生赴京应试，随着时间和空间的隔离，情淡、情消、情逝，艳遇成了往事，张生娶了别人。崔莺莺凭借着自己的美貌，也顺利地找到了"接盘侠"。

现在，只要不被元稹那一大段一大段耽美而煽情的文字所蛊惑，冷眼来看这个故事，实在很平淡，比今天的许许多多狗血恋爱情节差远了。

但在古代，在那个被封建礼教所禁锢的时代，崔莺莺的大胆表现，令读过这个故事的士大夫血脉贲张，内心的小鹿怦怦直跳。

现代一些文学鉴赏的书籍评论崔莺莺这个人物形象，都赞不绝口地称她是勇于向封建礼教挑战的女性，热烈追求自由爱情。

其实不是。

虽然元稹写得很热闹，但认真细读就知道崔莺莺对他并没什么爱情，之所以肯委身于他只不过是报恩，报他请来官兵保护自己一家性命的大恩大德。

张生要来，她不拒；张生要走，她也不留，自如得很。

当然崔莺莺也是有底线的。话说，张生在莺莺嫁后，内心想再续前缘，到莺莺家以"外兄"的身份请求相见，遭到了莺莺的断然拒绝。

再强调一下，这个张生可能就是元稹自己。

元稹气急败坏，借张生之口大讲崔莺莺的坏话，说崔莺莺是"尤物""妖孽"，并把张生说的"不妖其身，必妖于人"的高论挪到"莺莺拒见"之前，以彰显其人品行高洁，坐怀不乱。

从这一点上说，张生就是一个很卑鄙的人。

北岛说"卑鄙是卑鄙者的通行证，高尚是高尚者的墓志铭"，元稹自己是一个卑鄙者却找了一个高尚的借口，可谓渣男一枚。

郭太后
名将之后、皇帝的外孙女，经历了八朝，差点成了武则天

大唐王朝由盛转衰，非常急速。

安史之乱中，唐玄宗李隆基逃遁入蜀，唐肃宗李亨在灵武即位造成既成事实，逼迫父亲禅位。

唐肃宗在位时间并不长，仅六年。盖因后宫皇后张良娣与宦官李辅国互相倾轧，最终张皇后死于李辅国之手，天生胆小的唐肃宗惊忧而死。

李辅国遂拥立太子李豫（即唐代宗）为帝，改年号为"宝应"。

唐代宗还算得上明君，奈何经过安史之乱，东有诸多藩镇割据，北有回鹘不断勒索，西有吐蕃侵扰。

为求安定，唐代宗只好割肉补疮、饮鸩止渴，大封节度使。

如此一来，藩镇割据状况愈演愈烈，朝政进一步恶化。

大历十四年（公元779年）五月，代宗病逝于长安宫中，在位时间只有十五年。

继位的是唐肃宗的长孙、唐代宗的长子唐德宗李适。

唐德宗在位时间长达二十七年，仅次于唐高宗和唐玄宗，但因其才能有限远不能和唐高宗、唐玄宗相比，所采取的诸多措施都收效甚微，仅能维持天下粗安的局面。

唐德宗患中风暴崩后，长子李诵继位。

唐顺宗李诵最窝囊，他的父亲唐德宗做了二十七年皇帝，他就做了二十五年太子。多年媳妇熬成婆，却仅做了不到七个月的皇帝，就被宦官俱文珍逼迫退位，又做了几个月的太上皇，就离奇死亡了。

唐顺宗的长子唐宪宗李纯算是个好皇帝，在位十五年间勤勉政事、锐意中兴，一度振作了中央政府的威望，史称"元和中兴"。

唐宪宗的身世有些离奇，他的母亲王氏曾是其曾祖父唐代宗的才人——当初唐高宗李治收纳了父亲唐太宗的才人武则天，饱受天下诟病，唐顺宗收纳了祖父唐代宗的才人，更惊爆人眼球。

唐宪宗妻子的身世也同样离奇。早在贞元九年（公元793年），时为广陵王的唐宪宗就娶了力挽狂澜、扭转乾坤的中兴名臣郭子仪的孙女郭氏为妻。说起来，这郭氏的身份不单单是郭子仪的孙女那么简单，她的父亲是驸马都尉郭暧，母亲是代宗长女升平公主。顺带说一句，升平公主与郭暧，其实就是戏剧《打金枝》的主角。

既然郭氏的母亲是宪宗曾祖父唐代宗的长女，那么按论辈分，宪宗得称呼郭氏一声表姑。

宪宗和表姑近亲结婚，生下了儿子李恒。

唐宪宗处理政事有声有色，却死得相当憋屈——被宦官陈弘志等人所谋杀。

李恒遂得继位，即后来的唐穆宗。

李恒其实只是其父宪宗的第三子，在他的上面，有长兄李宁、次兄李恽。李恒之所以得册封为皇太子，一方面是做了太子的长兄李宁突然病故，另一方面得益于来头显赫的母亲郭氏。

不过，不知是什么缘故，宪宗虽然册封了李恒为太子，却拒绝册封郭氏为皇后。

直到李恒即位后，郭氏才被尊为皇太后，真正成为后宫之主。

郭氏不但成了后宫之主，其实她还有机会成为武则天那样的人。

穆宗为人虽然昏聩，但性情至孝，对母亲言听计从，毕恭毕敬。

长庆三年（公元823年），穆宗病危，有宦官为了逢迎郭太后，以太子年幼为托词，请求郭太后临朝称制。可以看得出，郭太后如果想当武则天，还是很容易的。

然而郭太后却说："昔日武氏称制，差点让社稷倾覆，我郭家世代忠良，不会出现武氏那种败类，太子虽然年轻，可以选良相辅佐，国家一定会安定。自古以来哪里有女子为天下主而治理的天下能像唐虞时代一样好的？"她亲手撕碎了宦官预先准备好的临朝称制的诏书。

朝廷内外听说此事，都被她的深明大义所折服，一度好评如潮。

长庆四年（公元824年）正月二十二日，穆宗崩于寝殿，穆宗共计在位五年，薨逝时年仅二十九岁。

继位的是太子李湛，即唐敬宗。

唐敬宗尊祖母郭太后为太皇太后。

唐敬宗本性不好，是个出了名的败家子、二世祖，即位后更加奢侈荒淫，一度沉迷蹴鞠。最后因宫闱污垢事，被假宦官刘克明杀害，在位三年，享年十八岁。

宦官刘克明杀死唐敬宗后，曾伪造遗旨，欲迎唐宪宗之子绛王李悟入宫为帝。手执神策军兵权的宦官王守澄、梁守谦不甘刘克明得拥立大功，以郭太皇太后名义发布诏书，杀死了刘克明和绛王李悟，立穆宗第二子李昂为帝，是为唐文宗。

唐文宗继续尊郭氏为太皇太后。

唐文宗生性孝顺，凡是地方进贡的物品，一定要先送给太皇太后挑选，然后才敢自己享用。

唐文宗自幼刻苦勤学，以老祖宗唐太宗为偶像，锐意中兴。他因自己的亲身经历，深感宦官为祸之烈，致力于剪除宦官。不料，在"甘露之变"中被宦官劫持，从此遭到软禁，郁郁而终，在位十四年，享年三十二岁。

唐文宗之后继位的是唐穆宗第五子、唐文宗的弟弟唐武宗李炎。

唐武宗也继续尊奉郭氏为太皇太后。

注意，虽然唐敬宗、唐文宗、唐武宗都是唐穆宗的儿子，但他们的母亲并非同一个人。这三个人即位后，分别尊自己的生母为皇太后，即皇宫中出现了三个皇太后，但只有一个太皇太后。

会昌六年（公元846年）三月，唐武宗病逝，唐宪宗之子、唐穆宗的异母兄弟光王李忱被神策军拥立为帝，是为宣宗。论辈分，唐宣宗可是唐敬宗、唐文宗、唐武宗三兄弟的叔叔，但郭氏仍然为太皇太后。问题是，宣宗也尊自己的生母郑氏为太后，偏偏这郑氏早年和郭氏有过恩怨。之前，郑氏的地位低等，不能和高高在上的皇太后、太皇太后郭氏相争，而等她也当了皇太后，扬眉吐气，想方设法给郭氏穿小鞋，一雪前耻。

郭氏一生尊贵荣华，到了晚年却受此腌臜泼才气，经常想不开。大中五年（851年）三月，郭氏咽不下一口闲气，登上勤政楼，准备以死泄愤，最终被身边的侍女阻拦了。但自杀未遂事件在后宫迅速发酵，宫人议论纷纷，众口一词指称皇帝不孝。听到这些风言风语，唐宣宗的五官扭曲得变了形。当天夜里，身体一向没病没灾的太皇太后郭氏离奇暴亡于寝宫。死因不详。

王安石妻

"囍"字的由来与王安石有关吗？

受一个民间故事的误导，很多人都说，"囍"字和北宋政治家、文学家王安石有关，是王安石创造出来的。

这故事说的是：王安石年轻时进京赶考，途经一小镇，见一户姓马的读书人家征下联招婿，上联："走马灯，灯马走，灯熄马停步。"王安石看了看没工夫琢磨，继续匆匆上京应试了。好巧不巧，考试就是对对联："飞虎旗，旗虎飞，旗卷虎藏身。"王安石暗呼"天助我也"，把马家姑娘制的那半副联语对了出来。

王安石考完试，兴冲冲赶到马家，用考试出的上联应对，轻松抱得美人归。新婚之日，王安石又高中状元，喜上添喜！王安石心情爽翻，举笔在红纸上写下两个连体的"喜"字——这就是"囍"字的由来。

故事很有趣，但这绝不是"囍"字的真实由来。要驳斥倒它，乃是轻而易举的事儿。

第一，王安石登第之年为庆历二年（公元1042年），他不是状元，状元是杨寘。说起来，这王安石是应该得状元的。那年殿试结束，主考官晏殊把前几名的卷子给皇上送了过去，让皇上礼节性过过目，如果没问题，就按考官评出的名次分授状元、榜眼、探花等名次了。排第一名的就是王安石的卷子。仁宗漫不经心地翻开他的卷子，边看边点头赞不绝口，突然四个刺眼的字跳进他的眼帘——"孺子其朋"。"孺子其朋"出自《尚书·周书·洛诰》，原文是："孺子其朋，孺子其朋，其往。"意思是当年的周武王去世后，周成王年纪还小，就由周公来辅政，周公就以一个长辈的身份对成王说："你这个小孩子听好了，一定要把大臣们当成好朋友来看待。"一个考生用周公的语气来规劝当今皇上，真是肆意妄为！仁宗一下就恼了：这个考生没个大小，不能让他当状元！把这份卷子放在了一边。第二名是王珪、第三名是韩绛，这两人都是有编制内的官员，不能当状元。最后，第四名的杨寘当上了状元，王安石和他置换了名次成了第四名。王安石真冤。

第二，王安石的夫人不姓马而姓吴，她是王安石的表妹，江西金溪县柘岗人，出身仕宦之家，其祖父吴敏、父吴芮、叔父吴蒙皆为进士。

还有，王安石中进士第时二十一岁，而他与表妹结婚时十七岁。

特别要说明的是，王安石和吴夫人感情很好，一生没纳妾。所以所谓与马姑娘成婚，纯属民间故事家的瞎编。

那么，"囍"字的由来是怎么样的呢？

"囍"字由两个"吉"、两个"古"组成。在甲骨文里，"吉"字上为男人器官，下为女人器官，两者结合就会快乐，顺遂又吉利。后来，"吉"字成了对男子的美称，而"古"字代表女子。

一个"吉"字和一个"古"字组合成了"喜"字，即男人和女人结合，是好事，是乐事。

后来，有人觉得一个"喜"字不足以表达这件好事、乐事的喜悦，又再加一个"喜"字，成了"囍"，仅此而已。

韦太后
曾给金人生下两个孩子？

靖康奇祸中，金人掠走数不清的文籍舆图、宝器法物，还把赵佶父子以及宗室所有成员分两路掳走。

被迫随行的还有各种教坊乐工、技艺工匠，以及无辜百姓，共计一万四千余人，被分成七个批次，迎着呼啸的朔风北去。

押解这海量的俘虏回北地干吗？肯定不是当神佛供着养着，而是奴役。

对于皇宫那些手不能提、肩不能扛的帝后、帝妃、王后、王妃、帝姬、郡主以及大臣妻妾子女，则是发配给大小将官成为发泄兽欲的工具。

韦太后身在其中，自不能免。

人穷被人欺，马瘦被人骑。

北宋君臣以及广大人民遭此涂炭，本来是非常值得同情的事儿。但数百年来，为什么人们总是要揪着韦太后在金国为奴时被凌辱的悲惨事说个不休？主要是她的不肖子赵构太窝囊、太不像样子了。

金庸先生在《雪山飞狐》中写闯王李自成的军刀刻一行字，无人睹之不为闯王的英风烈骨而肃然起敬，悠然神往。

该行字刻的是：杀一人如杀我父，淫一人如淫我母！

杀父淫母，乃是不共戴天之弥天大仇、遮天大恨。

闯王将天下淫人妻女、残杀无辜的暴徒视作势不两立的仇雠，如何不让众绿林豪杰敬服？

但"杀一人如杀我父，淫一人如淫我母"这句话，对赵构而言，是不起任何作用的。

这个软弱的皇帝已经被靖康奇祸的惨象吓破了胆，吓得豕突狼奔，四处奔命，最后得在江南立稳了脚跟，便抱死了偏安一隅的决心。

更让人不齿的是，赵构自己要偷生就罢了，他却拿老娘当借口打出了"孝"字大旗，说什么"明言归我太后，朕不耻和"，最终成功媾和。

为了掩饰韦太后被金人奸污的丑事，他一方面杀从金国逃归的柔福帝姬以灭口，另一方面在韦太后年龄上作假，把被俘时才三十八岁的韦太后杜撰成了"四十八岁"，目的就是要伪造出"韦后北狩，年近五十，再嫁虏酋，宁有此理"的假象。

殊不知，赵构的老爹赵佶被俘时才四十五岁，韦太后的年纪比赵佶大，谁信？！

而根据《开封府状》《南渡录》《窃愤录》《窃愤续录》《南烬记闻》《宋俘记》《靖康稗史》等书记载：韦太后到了金国，先是被发落入营妓"洗衣院"，后被盖天大王完颜宗贤霸占，生了两个孩子。而这个盖天大王完颜宗贤也曾到处宣扬："自今以后，赵构须唤我阿爹！"

所以，韦太后给金人生下两个孩子是真的，但韦太后是不幸的，没有可以被指责的地方。

应该被指责的是赵构，这个软骨头，不但将北方广大臣民遗弃在漫无边际的胡尘里，甚至连亲生父母、枕畔妻室、兄弟骨肉的含辱蒙垢也漠然置之，关起门来大发淫威，残忍地杀害了金人畏之如虎的岳飞父子。

鲁国公主
北宋最长寿公主历七朝躲过了靖康之难，见证了北宋灭南宋兴

北宋的鲁国公主是一个长寿公主。

她经历过血与火、生与死的考验，眼睁睁地看着自己的国家覆灭，眼睁睁地看着皇族成员被金人掳掠为奴……又在颠沛流离的逃亡中看着故国一点点复活、一点点成长。

鲁国公主出生于嘉祐四年（公元1059）五月戊午日，她的父亲就是中国古代皇帝中的"第一仁君"宋仁宗。

宋仁宗宅心仁厚，以德治国，以德服人，思想开明、政治宽松，人人甘为之用，因此朝廷贤良之士济济一堂，国家繁荣富足，是北宋一代最辉煌发达的一朝，史称"仁宗盛治"。

当朝理学家程颐代表天下士子发声："我要和皇上共治天下。"

这句话如果是在清朝发出，那是属于大逆不道，下场会很惨——清朝专制思想最浓郁、最沉重，统治者认为天下只属于天子一人，您说您要和天子共治天下，那是什么意思？

宋仁宗却非常欣赏程颐的说法，赞同道："本来嘛，天下就是天下人的，

应该由天下人来共治。"宋仁宗就是这样一个充满人格魅力的君主，焉能不受人爱戴？

可惜的是，老天似乎对这位有德仁君有些苛刻——宋仁宗一共生育有三个儿子和十五个女儿。但这十八个孩子只有四个女儿长大成人，其他都在出生后不久就死了，包括三个皇子，以至于皇位只好传给了赵氏宗室濮王赵允让的第十三子赵曙，即后来的宋英宗。

立赵曙为皇太子，指定他为帝位继续人这一年是嘉祐七年（公元1062年），宋仁宗内心应该多少有些不甘。

也可以想象得到，嘉祐四年（公元1059年），鲁国公主出生前，宋仁宗是多么希望生出来的是个皇子呀。

鲁国公主的女儿之身是让宋仁宗感到失望，但作为存活在世上为数不多的亲骨肉，宋仁宗还是对她疼爱有加，于第二年也就是嘉祐五年（公元1060年）封其为庆寿公主。

庆寿庆寿，即欢庆、祝福其延年益寿的意思，后来的鲁国公主也真的没有辜负父皇的祝愿，成了中国历史上最长寿的公主。

不过，三年之后即嘉祐八年（公元1063年），宋仁宗却永远地离开了人世，享年只有五十三岁。

宋仁宗的噩耗从宫中传出，举国沉痛。

宋朝时人笔记里记：开封城里的市民自发地拥到宫门外，男的、女的、老的、少的，有卖瓜果的小贩、有脚夫、有文士、有和尚，人山人海……全哭成了泪人。很多人披着白麻，烧着纸钱，给皇帝"送别"。

宋仁宗出殡之日，市民们自动停市哀悼，焚烧纸钱的烟雾飘满了京城上空，以致天日无光。

一个叫周长孺的官员在四川一带出差，看见山沟里打水的妇女们也头戴纸糊的孝帽哀悼皇帝驾崩。

甚至，邻国的契丹皇帝听了宋国使者的讣告也瞬间泪崩，一个劲地握着使者的手："我不信我不信！他老人家怎么就过世了？"哭过之后，红着眼圈说："我要给他建一个衣冠冢，寄托哀思。"

宋仁宗就是这样以个人魅力征服了天下人，包括曾经的敌国契丹。

北宋第四位皇帝宋仁宗驾崩，第五任皇帝宋英宗继位，封原为庆寿公主的鲁国公主进惠国公主，并于治平四年（公元1067年）将之许配与五代十国时期吴越国创建者钱镠的后人钱景臻，这一年，鲁国公主只有八岁。

宋英宗是个短寿之人，在位时间只有四年，即治平四年（1067年）就驾崩了，享年三十六岁。

宋英宗的儿子宋神宗登基，进惠国公主（即鲁国公主）为许国大长公主。

后来继位的宋哲宗、宋徽宗、宋钦宗先后给鲁国公主改封，最后的名号为：秦鲁国大长公主。

"靖康之难"发生时，鲁国公主六十八岁，金兵疯狂地掳掠北宋的君臣、宗亲，甚至连一岁多的婴儿都没放过，结果，上至徽钦二帝，下到亲王大臣、嫔妃公主，全部被打包押送到了北方的冰天雪地做奴隶，却独独漏掉了鲁国公主这个老婆子。

北宋灭亡，康王赵构南渡，在应天府即位，建立南宋，先在建康府建立行都，后又改移杭州。

彼时鲁国公主的夫君钱景臻已故，她由庶子钱愐护送，深一脚、浅一脚地追至杭州，找宋高宗赵构认亲。

宋高宗赵构知道了鲁国公主的辈分，非常吃惊，对其尊崇有加，"每入内，见必先揖"。

在杭州，宋高宗特赐了一座行宅以供鲁国公主颐养天年。

实际上，钱家在杭州极有社会基础，在官宦商贾阶层声望很高，有钱家前来依附追随，宋高宗也受益匪浅。

鲁国公主一共生育有两个儿子，次子钱愕在南渡时被强盗张遇杀害，只剩下长子钱忱。公主就不断地为钱忱求爵求禄。宋高宗则是每求必应。这么一来，钱忱的头衔很多：秦延苣诸州团练防御使、宁武泸州二军观察留后承宣节度等使，开府仪同三司、检校少师、荣国公，累赠太师、汉国豫国公。

宋高宗在做这些的时候，惇惇叮咛老太太，说："长主寿考如此，乃仁宗皇帝四十二年深仁义厚泽，是以钟庆于公主。长主待遇诸子，宜法仁宗用心之均一。"

绍兴十四年（公元1144年），鲁国公主寿终正寝，享年八十六岁，宋高宗前去祭奠，给她的儿孙们全部加官一等。

李娃
岳飞的第二任妻子结局如何？

两宋之交是一个乱世，却给英雄豪杰提供了展现盖世才华的大舞台，无数草根阶层因此成就了一番事业，并名垂史册。

岳飞，就是这其中的代表人物。

那些和岳飞一同从底层崛起的方面军统帅如张俊、韩世忠、吴玠等辈，初得封功拜爵，便迫不及待地过上了锦衣玉食、妻妾成群的奢靡生活。

只有岳飞身居高位，手执重兵，仍旧粗衣粝食，保持英雄本色，让人肃然起敬。

吴玠对岳飞是英雄惜英雄，曾不顾千里路遥，特意物色了一个娇滴滴的千金大小姐，让人从川陕护送往鄂地武昌赠予岳飞做妾。岳飞一心为国无意享乐，谢了吴玠的好意，让人原封退回。

有人担心此举会激怒吴玠，劝岳飞说：你和吴将军同是国家支柱，本当结好，你这样断然回绝恐怕不大好吧？为何不稍稍屈就迎合一下他呢？

岳飞并不为所动：吴玠太厚爱岳飞了，但国耻未雪国仇未报，圣上睡不安枕，做大将的又怎么偷闲取乐呢？

这话传到吴玠耳里，吴玠愈加钦佩岳飞。

那岳飞为什么会有两任妻子呢？

岳飞投军之前，与汤阴县女子刘氏成亲，共同生下了云、雷二子，后来金人南下，北宋灭亡，岳飞追随宋高宗南下，夫妻俩生死两茫茫。

建炎四年（公元1130年），岳飞在宜兴独立成军，派人回家乡接家眷，只接来母亲和两个儿子。

经母亲诉说，方才知道刘氏在家乡受不了苦，已跟别人私奔并结婚。

在确认刘氏已经改嫁他人的情况下，岳飞另娶了一个比自己年长两岁的寡妇为妻。该寡妇名叫李娃，目不识丁、相貌平平。岳飞之所以看中她，是她懂得体贴自己又孝顺老人、怜恤婴幼。

岳飞后来和李娃共同生育了岳霖、岳震、岳霆三个儿子，还有两个女儿。

前妻刘氏的结局应该还算好。刘氏后来嫁的丈夫也参军了，在韩世忠的部队里担任一名小队长。岳飞有情有义，并没有为难这个小队长，命人带了五百贯巨资相赠，以资其家用。这之后，史书就没有记载了。

相对而言，李娃的命运比较悲惨。岳飞被害，李娃和全家老少遭受了劫难，一同被流放岭南。

补一句，前妻所生的长子岳云和岳飞一同被害。岳飞死年三十九岁，岳云死年二十三岁。

二子岳雷在父亲岳飞、兄长岳云被捕时，曾得特准入狱照料，在父兄被杀后，即同李娃以及弟弟岳霖、岳震、岳霆，还有岳云的夫人与两男一女三个小孩子，一同被流放到岭南。

在岭南，他们一家遭受到了严厉的编管刑，人身自由被严格限制，时间跨度从绍兴十一年到绍兴三十一年，共二十一年。

绍兴三十二年（公元1162），宋高宗内禅，宋孝宗登基不久即宣布为岳飞平反。六十二岁的李娃被加封楚国夫人，算是苦尽甘来。

李娃的死亡时间是淳熙二年（公元1175年），葬于江西九江，善终，享年七十五岁。

梁红玉
为什么会沦落青楼？

传说总是美好的，而且引人入胜、魅力无穷；现实总是乏味的，不但空洞单调，而且残酷冰冷。

在传说中，梁红玉是安徽池州人，出身将门，祖父与父亲都是大宋名将。梁红玉小时候经常听父母讲杨家将的故事，对杨门女将无比崇拜，她暗下决心，将来要成为像杨门女将一样的英雄，报效国家。

这么一来，她虽然也裹有一双三寸小金莲，却跟随父兄练就了一身踏雪无痕、杀人不见血的真功夫。

可惜的是，梁红玉的父兄在讨伐方腊时未能成功，被奸人陷害致死。梁红玉无端遭受牵连，被没籍，发落入教坊充当官妓。

在沦落为妓的岁月里，梁红玉卖艺不卖身，一直保护着自己的清白，追求她的王公贵族们数不胜数，但她连正眼瞧都不瞧一眼，像只骄傲的小母鸡。

大英雄韩世忠平定方腊，出现在庆功宴上。梁红玉对他一见钟情，以身相许，甘愿做妾，并跟随他效命疆场，杀敌无数。

梁红玉的代表作有两件。

第一件，在黄天荡摆下九宫八卦阵，困锁金兀术四十万大军长达四十九天。

第二件，在平定苗傅之变中，曾一夜奔驰数百里，成功平叛，因此被封为安国夫人。

关于梁红玉的结局，小说家颇为纠结，徘徊于两种写法之中：

写法一，梁红玉单骑闯阵，连挑滑铁车，最后力尽身亡，非常壮烈。

写法二，梁红玉在宋金议和后，与夫君韩世忠隐居山林，琴瑟和鸣，笑傲江湖，白头到老。

在历史上，梁红玉没有名字——所谓"梁红玉"之名，其实是明朝人张四维在写传奇《双烈记》时为她捏造的。

《建炎以来系年要录》等史书一概称之为"梁氏"，并且这个梁氏也不是什么将门之女，而是一个在京口谋生的妓娟。

这个梁妓娟某夜去一个官员家做服务，五更时分出来，"忽于庙柱下见虎蹲卧，鼻息駒駒然"，惊骇之余，命仆从小龟提灯笼照看，原来是一个军卒。

这个军卒就是发迹前的韩世忠。

梁妓娟认为这个军卒不是凡人，就推醒了他悄悄地带回家，"具酒食，卜夜尽欢，深相结纳"。

梁氏能在历史上露一会儿脸，就是韩世忠在黄天荡堵截金兀术大军时，安排她端坐在金山上击鼓。

她击鼓能起到什么作用呢？

评书、小说家神神道道，说她摆了九宫八卦阵，再不济也说她通过鼓点数来指挥军队。

其实，这完全是瞎编。

梁氏击鼓能起的唯一作用就是激励士气，不必想得那么复杂。

还有梁氏应该就是一个手无缚鸡之力的弱质女流之辈，一双三寸小金莲既不能疾行也不能骑马，从未上阵参加过战斗，平苗刘之变与她没半毛钱关系，说她连挑十二辆滑铁车是把《说岳全传》高宠挑滑车的戏份移花接木了。

而且梁氏的死法也很平常，《建炎以来系年要录》卷九二于绍兴五年（公元1135年）八月丁卯条记了一句话"淮东宣抚使韩世忠妻杨国夫人梁氏卒"。

这个简单的"卒"字，就轻松否定了前面小说、野史给她安排的两种死法。

最后补一句，在古代，一般人只有一个妻子，妾的数目不论。韩世忠特立独行，他有妻子四个，妾无数。他的四个妻子分别被宋高宗封为：秦国夫人（白氏）、杨国夫人（梁氏）、秦国夫人（茅氏）和蕲国夫人（周氏）。其中的蕲国夫人周氏、秦国夫人茅氏也同样是妓女出身。同韩世忠时代文人胡舜申所著的《己酉避难录》中记载，茅氏还是个雏妓，艺名吕小小，韩世忠替她赎身，改姓茅。

中国古代历史上，真正能提枪上马杀敌的女英雄只有两个：商代妇好、明朝秦良玉。其他的什么花木兰、佘太君、杨八姐、杨九妹、穆桂英，以及十二寡妇等等，全是虚构的。

所谓"梁红玉"，虽然有历史原型梁氏，但梁氏实在没打过仗。

马皇后
相貌普通没有生养，却获朱元璋永久的爱

朱元璋是中国历史上极有个性的一个皇帝。

他爱憎分明，疾恶如仇，眼里不容沙子。这种个性和他的个人成长和传奇经历是分不开的。

从一无所有的孤儿华丽变身为富有四海的开国皇帝，这中间他尝透了人世间的酸甜苦辣，见惯了人世间的生离死别。因此在看待问题时，就多了几分执着、几分情怀和几分感恩。

抚州千户张邦、董升是凭借军功升迁上来的武将，没大的毛病就爱贪小便宜。两人趁职务之便买了些鹅鸭圈养在城门边，他们还吩咐守门的士兵，但凡有挑米担谷出入城门的记得抓取一两把来喂养。

这件事被朱元璋知晓，当场发作，命人革去两人官职。朱元璋还写文痛斥道："他在那里如此害人，也不思量要长久，则是贪财泼做，卒至今日把职事弄坏了。有这等无知的愚夫！"

祥符卫指挥郭佑征战云南回来立了大功，看家里的糟糠之妻曹氏不顺眼，将之赶出家门，另外买来了一个年轻性感的小美人收为正妻。本来古时男人的

婚姻制度还是很宽松的，有钱有地位的男人娶个三妻四妾是天经地义的。郭佑有钱有地位，喜欢养小三小四小五都没问题，但他把原配正妻曹氏赶走，朱元璋不干了，他暴跳如雷，立刻法办郭佑，革去其官职，贬他去了云南。朱元璋恨恨不已地说："他乙末年娶的结发夫妻，到今三十余年，有儿有女了，且当初离乱时东奔西走，多少艰难，才过活得到而今。而今天下太平了，他做官享俸禄，正好夫妻每受快活，他却将她娘儿们赶出了，一日只与她带糠粟米八升，她二十六口人，如何过？这等无恩义的，也哪里是个人！"

的确，在这一点上，朱元璋绝对有资格骂郭佑是畜生。朱元璋也有自己的糟糠之妻——马氏。但朱元璋和自己糟糠之妻马氏的爱情，却让后人赞颂。朱元璋崛起于社会最底层，马氏也是出身于平民家庭。两人相识之初，朱元璋不过是起义军中的一个小头目，身无长物又其貌不扬；而马氏也不过是一个寄居在别人家里的孤女，不但相貌普通，而且还是个大脚。但他们一经结识，便莫逆于心，相濡以沫，一直到白头。

马氏的父亲是个武松式的人物，一言不合便用拳头论理，伤了人命后远走天涯，他把女儿托付给生死之交郭子兴。郭子兴视马氏如同己出，看好朱元璋是个人才，欣然将马氏相许配。

朱元璋和马氏结合，日子虽然清苦，但小两口恩爱有加，羡煞旁人。某次，朱元璋遭人陷害，被郭子兴关了禁闭，三天三夜不供给食物。马氏急坏了，在厨房偷偷烙了几张大饼，等不及饼冷却便心急火燎地给丈夫送去。哪料刚出厨房，就与郭子兴的夫人张氏撞个满怀。马氏生怕义母张氏责怪，一把将烧饼揣入了自己怀中。张氏不明就里，拉着马氏扯家常，结果热气腾腾的烧饼把马氏烫得直掉眼泪。好不容易敷衍过张氏，马氏一溜烟跑到关朱元璋的屋里，取出烧饼，胸口早给烫起了许多大大小小的泡。朱元璋心疼得不行。

兴许就是从那时起，朱元璋就发誓一生要对这个女人好。往后的日子里，马氏随着朱元璋征战四方，饱尝艰辛也始终不离不弃。

朱元璋的军队遇上困难，马氏必会挺身而出，动员义军家属，为将士们缝衣做鞋，以供军需。一旦前线作战失利，人心浮动。马氏也第一时间站出来，散发金帛，犒赏将士，稳定军心，鼓舞士气。

公元1368年正月，四十岁的朱元璋终于站到了人生的最巅峰，祀天地于南郊，即皇帝位。马氏也成了富贵无比的皇后。但她依然保持以前的朴素本色，坚持照料朱元璋的饮食起居。有人劝她不必如此操劳，她却说："侍奉丈夫是我的分内事，不能推辞。"

马皇后主张内侍不得兼任外臣文武官职，杜绝宦官乱政之弊，大力倡导节俭之风，建议不要大兴土木。她平时粗茶淡饭，衣服破旧了，也舍不得换新的，在后宫中带头缝织衣服。

朱元璋看在眼里，感动在心里。

某次，朱元璋对群臣感慨说："皇后和我同起布衣，历尽忧患。朕每每不能忘怀当年她不顾灼伤皮肤，为朕送来热食。而当朕受到郭公的猜忌，几乎被置于死地时，皇后更是为朕多方设法周旋，救我出危难。如果没有皇后，我哪里会有今天？朕怎么敢因为现在富贵了而忘了以前贫贱时的妻子？"

这话传到马皇后耳中，马皇后却说："妾听说，夫妇相保易，而君臣相保难。陛下能够不忘怀妾，更希望陛下始终不忘群臣百姓。"

可以说，马皇后给了朱元璋无数的帮助，却从未向朱元璋索取过什么。按照中国明史学会研究出来的结果，马皇后一生无儿无女。但没能为朱元璋产下一儿半女的马皇后却始终得到朱元璋的尊重和珍爱，原因就在这。

大明洪武十五年（公元1382年），马皇后病重自料难治，坚拒医生为自己医治，揪心妻子病情的朱元璋一个劲地问："为什么？为什么？"

马皇后的回答出人意料，却动人心魄。她说："生死有命，富贵在天，医生只能医病，不能医命。若果让医生为我医治，服药无效，陛下就会降罪于医生，这是我不想看到的。"

朱元璋闻言，泪如雨下。

咽气前一刻，马皇后的遗言是"愿陛下求贤纳谏，有始有终，愿子孙个个贤能，居民安居乐业，江山万年不朽"。

陈友谅妾
生下了朱元璋第八子朱梓？

明人沈德符所著《万历野获编》里有这样一段记载："高皇帝提一剑芟群雄，于所平诸国妃主，无选入侍者。惟伪汉违命最久，上心恨之，曾纳其妾，旋即遣出，深以为悔。"

该记载的意思是：高皇帝朱元璋提一剑削平天下，对于各割据势力的妻妾都毫无侵犯，唯独因为伪汉陈友谅的抗拒时间最长，高皇帝愤恨难平，劫掠了他的小妾，但很快就放归了，深以为悔。

《万历野获编》的书名已经告诉了我们，书中所记事迹是从野外收集到的，属于野史，事不一定确实，信不信由您。

那么，这段记载可不可信呢？应该说是可信的。因为朱元璋于洪武十八年（公元1385年）颁布的《明大诰》中就有写："朕在天下尚未平定时，攻城略地，与群雄并驱十四年，在军中从未妄夺一妇人女子。唯有攻下武昌以后，因恼怒陈友谅屡屡起兵相犯，故夺其妾而归。"

那么，朱元璋后来是不是"深以为悔"了呢？"深以为悔"的理由又是什么呢？

查继佐的《罪惟录》和何乔远的《名山藏》脑洞大开，讲述了一件骇人听闻的事儿：朱元璋收纳了陈友谅之妾阇氏后，册封为妃。阇妃在宫中生下了陈友谅的遗腹子朱梓。朱梓长大后被封为潭王，赴封地之前向母亲告别。阇妃告诉他身世："你是汉王陈友谅之子，你父被杀，我为你忍辱偷生于此已二十年了。你到封国后要找机会为父报仇。"朱梓这才知道自己一直以来在认贼作父，愤恨不已，到了长沙，日夜筹划起兵复仇，并在一铜牌上写了"宁见阇王，不见贼王"八字，很有几分越王勾践的气概，时刻提醒自己不要忘记复仇。不料风声泄露，朱元璋派徐达之子魏国公徐辉祖前到长沙讨伐。朱梓知事不可为，抱幼子在城上绕行数周，掷下八字铜牌，然后回宫举火，全家葬身火海。朱元璋恼羞成怒，以"妖星乱宫"为由，大肆杀戮宫人。马皇后诚惶诚恐，赶紧脱去簪珥待罪，仅以身免。

如果《罪惟录》和《名山藏》所记属实，那朱元璋养虎为患，自然是"深以为悔"了。但是，这则夭折版的"王子复仇记"是经不住推敲的。

首先，查记载皇帝家族世系的谱牒《玉牒》可知，朱梓生于洪武二年（公元1369年），陈友谅死于元至正二十三年（公元1363年）十月，二者间差了六年，说朱梓是陈友谅的遗腹子根本就不成立。

另外，朱梓是朱元璋第八子，他上面有一个哥哥，名叫朱榑，是一母所生的同胞兄弟，齐王朱榑生于元至正二十四年（公元1364年）十二月，距离陈友谅的死亡时间也有十四个月，同样不可能是陈友谅的遗腹子。

还有，说朱梓自焚后，马皇后惊惧得脱簪珥待罪。可是马皇后早在洪武十五年（公元1382）就已病逝，怎么可能会在洪武二十三年脱簪珥待罪？

所以，查、何二人的记载完全是捕风捉影，一派胡言。

而《万历野获编》也已经说了，朱元璋劫掠到陈友谅的小妾后"旋即遣出"，即又很快放归了，她并没有在宫中生养有朱元璋的子嗣。《万历野获编》还特别补了一笔："野史讹传为曾生潭王，复叛诛，不知潭王与齐王同为达定妃所生，自坐犯家事自焚，初不叛，亦不受诛也。"

即潭王朱梓为陈友谅小妾所生属"野史讹传"，潭王朱梓和齐王朱榑其实都是达定妃所生。说潭王"复叛诛"为"野史讹传"，潭王之死是"自坐犯家事自焚，初不叛，亦不受诛也"。

这"坐犯家事"又是指什么事儿呢？

原来，潭王朱梓的王妃于氏是都督于显的女儿。而于显之子宁夏指挥于琥被卷入胡惟庸案，于洪武二十三年（公元1390年）被杀。朱梓夫妇认为自身罪责难免，就举火自焚死了。

这里再说说朱元璋掠陈友谅小妾事，他在劫掠不久之后便已放归，为何会在洪武十八年（公元1385年）的《明大诰》中旧事重提呢？

且说，朱元璋当皇帝后，认真总结了前朝的兴废教训，认为元朝失败的原因是朝廷暗弱，"威福下移，驯至于乱"，因此主张以猛治国，刑用重典。洪武初，他进行了一系列立法，以严法重刑绳诸吏民。到了洪武十八年，亲自"采辑官民过犯，条为大诰"，颁行天下，目的是仿效周公以"当世事"警诫臣民，永以为训。可见颁布《明大诰》的初衷，就是总结教训，引以为戒。

《明大诰》在提到掠陈友谅小妾一事的后面，是这样总结的："朕忽然自疑，于斯之为，果色乎？豪乎？智者监之。朕为保身惜命，去声色货利而不为。盖为慕声色货利者数数，朝兴暮败。"

意思是我收纳了陈友谅之妾之后，忽然怀疑自己这种做法，究竟是好色呢，还是气魄大？智者自可明察。我最终为了爱惜身体，保护性命，远离声色财物。那些汲汲于声色货利的，终不免朝兴暮败。

朱元璋这是在现身说法，劝导臣下不要为"声色货利"所惑所累。也正因此，明初官员在对待"声色货利"态度上，比唐、宋、元几朝更有原则性。

明代王锜在《寓圃杂记》中不无自豪地称："唐、宋间，皆有官妓祗候，仕宦者被其牵制，往往害政，虽正人君子亦多惑矣。至胜国时，愈无耻矣。我太祖尽革去之。官吏宿娼，罪亚杀人一等，虽遇赦，终身弗叙。其风遂绝。"

含山公主
朱元璋第十四女历经八朝，堪称长寿

我们都知道，公主是中国古代对皇女、王女、宗女的封号。却未必知道，皇帝的姐妹称为长公主，姑母则为大长公主。

明朝有这样一位公主，历经了七帝八朝，死前她的辈分是当时皇帝的姑奶奶，以致当时的皇帝都不知加什么样的封号给她，于是破例给她赏赐了一件东西——皇后凤冠。

这位公主就是明太祖朱元璋的第十四女含山公主。

按明人沈德符所著《万历野获编》的说法："公主以洪武十三年生，二十七年下降驸马尹清，永乐间进长公主，洪熙初进大长公主，至天顺六年方薨，年八十三。于太祖位下二十五子十六女中，最为寿考。"即含山公主生于洪武十三年（公元1380年），薨于天顺六年（公元1462年），享年八十三岁。

不过，《明史·列传第九》却载"主至天顺六年始薨，年八十有二"；《明实录》也载含山公主"享年八十二"。所以，含山公主应该是生于洪武十四年（公元1381年），寿考八十二岁。

不管是八十二还是八十三，含山公主都是朱元璋二十五子十六女中最为长寿的。

因为长寿，所以含山公主见证了明初洪武、建文、永乐、洪熙、宣德、正统、景泰、天顺八朝的风云起落、世事沧桑，这其中应该包括震惊史册的郭桓案、蓝玉案、南北榜案、靖难之役、迁都北京、宣宗亲征汉王、郑和七下西洋、土木堡之变、北京保卫战、夺门之变、石曹之乱等等。

相信含山公主以一个见证者的身份旁观父亲亲手缔造起这个王朝的兴衰变幻，心情一定是无比复杂的。

当然，含山公主自己的命运也是很不幸的。

《明史·列传第九》载："含山公主，母高丽妃韩氏。"

即含山公主是高丽贡妃韩氏所生，高丽贡妃地位本身就低，而《明外史公主列传》又记："公主，太祖妃韩氏所生，蚤失母。"即含山公主的母亲很早就病故了。

遍查朱元璋所有的妃嫔，就只有一个姓韩的韩氏，而辽王朱植的母亲也是韩氏，即辽王朱植应该和含山公主是同母兄妹。但《万历野获编》却对此话持疑："第十四女含山公主母妃韩氏，系高丽人，考辽简王母妃亦韩氏，但不知与含山同产否？无所证据，不敢臆断。"

《明史·列传第九》又记，"含山公主……洪武二十七年（公元1394年）下嫁尹清"，即含山公主才十三岁就出嫁了，夫婿是担任扬州卫的华阴人尹清。

尹清命薄，于建文初年，即公元1398年就死了。也就是说，含山公主1394

年出嫁而1398年就守寡了，婚姻生活只有短短四年，这命也太苦了。

不过，从《明实录》的相关记载来看，从明成祖之后诸帝都对含山公主关照颇多。

其中永乐十五年二月，明成祖特下令修含山公主府；宣德十年十二月，宣宗命含山大长公主子尹勋为孝陵卫副千户，食禄不任事；景泰年，景泰帝增给含山大长公主食禄一千四百石。

最值得大书特书的是，天顺六年七月，英宗写信给含山大长公主："朕每念皇高祖所生亲王公主四十人，而享有高寿者今惟祖姑一人，诚难淂也。近者承喻用度有缺，朕心恻然，特遣太监蓝忠赍送珠翠九翟博鬓冠一顶，白金三百两，钞一万贯，各色紵丝十匹，纱十匹，罗十匹，生熟绢三十匹，奉至府中，以表亲亲之义，至可收领，尚宜自爱，以膺悠久之福。"

信中提到的博鬓冠，是成祖之朝以后只有皇后才有资格戴的凤冠，亲王妃、公主不得违制僭越，含山公主该年获此殊荣，堪称特例。《万历野获编》为此啧啧称奇，说："今特以赐含山，盖异数也。"

可惜的是，该年七月含山公主获此殊荣，九月就去世了。《明英宗实录》记："讣闻，上辍视朝一日，遣中官致祭命有司营葬。"丧礼办得异常隆重。

含山公主死，朱元璋四十多个子女算是全部凋零逝世了。

一个月之后，即天顺六年十月，英宗特"命含山大长公主次子尹玉、嫡孙辉，俱为南京锦衣卫带俸百户"。

结合前面《明宣宗实录》中宣宗命"含山大长公主子尹勋为孝陵卫副千户事"来看，含山公主虽然只享四年婚姻，却生有两个儿子，是不幸中的大幸。

实际上在景泰年间，含山公主曾向景泰帝"自陈年迈家属多，乞增岁禄"，便可知她子孙繁盛。

而以后的孝宗、武宗都对含山公主的曾孙尹衡、尹憙、尹隆等人高眼相看，任为南京国子监生、南京锦衣卫千户、百户。

关于含山公主长寿而尊荣的一生，《全史宫词》有诗云：

十六人中硕果存，含山寿考拜新恩。

亲亲并仰高皇志，博鬓冠加九翟尊。

胡贵妃
父亲入宫探望而被赐死？

入宫探望女儿，后来被赐死的人是明初开国功臣临川侯胡美。

胡美原名为胡庭瑞，沔阳人，曾为陈友谅陈汉集团的江西行省丞相，手下兵多将广，负责守卫龙兴。

朱元璋攻下江州后，忌惮胡庭瑞兵强，派人前往招降。

胡庭瑞也感觉到陈友谅不如朱元璋有前途，同意投降，但他提出了一个条件：不能解散自己的部队。

不解散部队，就意味着继续保持着原有的独立局面，这是朱元璋难于接受的，但不接受也得接受。本来嘛，朱元璋就是忌惮他的势力太大担心啃不下来，这才好言劝降的。可以说，胡庭瑞这么一搞让朱元璋非常不爽。虽然朱元璋同意了他的要求，但嫌隙已经构成了。

说到这，有点替胡庭瑞感到可惜，您既然已经答应投降人家了，那您的命运就相当于已经交到人家的手上了，您现在就算挺得一时，日后又岂能逃得脱人家的拿捏？

不过，话说回来，胡庭瑞应该也是心存害怕，害怕朱元璋是假意招降，害怕朱元璋会突然翻脸要自己的小命，所以才会要求保留部队以防不测。

也许正是胡庭瑞有兵在手的缘故，在他投降之初，朱元璋对他客客气气，即使胡庭瑞的外甥康泰等人降后复叛，朱元璋对胡庭瑞仍是和颜悦色。

胡庭瑞也因此死心塌地跟随朱元璋——不但将自己美貌如花的女儿献给朱元璋，还因为朱元璋字为国瑞，赶紧改掉自己名字以避讳，取新名字为"胡美"。

胡美这么会来事，朱元璋也渐渐消减了先前的不快，翁婿相处甚得。

胡美也的确立下了许多战功：攻武昌，与徐达等人并兵攻淮东，取湖州、平江、无锡等地。后又为征南将军，攻下杉关、光泽、邵武、建阳、建宁、福州、延平、兴化等地，留守福建。

洪武三年（公元1370年），朱元璋大封功臣，封胡美为豫章侯，年禄一千五百石，给予世袭凭证，诰词中将之比拟为东汉光武朝归汉的窦融。

洪武十三年（公元1380年），胡美又被改封为临川侯，在长沙监督建造潭府，风光无限。

但洪武十七年（公元1384年），胡美悲剧了，《明史》称其"坐法死"。

胡美是受了什么牵连获罪下狱的呢？

洪武二十三年（公元1390年），李善长事发，朱元璋亲自下诏列举奸党，胡美名在奸党之列。《明史》载：胡美仗着自己的女儿为贵妃，"偕其子婿入乱宫禁"，他的儿子、女婿受刑而死，胡美本人则被赐自尽。

明朝开国功臣中，获与胡美相同罪名被赐死的，还有周德兴。

周德兴是朱元璋的儿时玩伴，淮西二十四将之一，在洪武二十五年（公元

1392年），"以其子骥乱宫，并坐诛死"。

只能说，明朝开国的官一代、官二代，太过嚣张跋扈、太过无法无天了，竟敢入宫中作乱，最终招致灭亡。

常遇春妻
被朱元璋大卸八块了？

朱元璋把常遇春的老婆大卸八块煮汤的故事出自明朝嘉靖年间官吏王文禄的《龙兴慈记》。

《龙兴慈记》这部书的书名是啥意思呢？"龙"在这里指皇帝，更具体点是指明朝开国皇帝朱元璋。"兴"就是兴起。"龙兴"二字合在一起，即是指帝国的发肇、兴起。"慈"指母亲。"记"就是记载、记录的意思。四字连一起理解，即母亲记录的关于太祖爷开基创业的故事。

书还有自序是这样写的：王生文禄曰，自幼闻慈淑母氏言国初遗事，子虽幼，喜问，以故始末甚详，惜岁久多忘也。盖外祖陆公源生国初时寿逾鼇，好学，多闻授母氏，母氏授予予……

这段文绉绉的话说的是：我小时候常常听母亲讲述本朝事迹和掌故，本来是很详细的，但年月久了，快忘得七七八八了。这些事迹和掌故是我外公讲述给母亲的，外公很长寿，活了八十多岁，好学，知道的东西很多。外公把这些东西讲述给了我母亲，母亲又讲述给了我。

光看书名和书的自序介绍，就知书里面所记载的是道听途说的野史传闻，全不靠谱。

书里面的故事有：朱元璋的爷爷葬中了风水宝地，所以朱元璋后来发达了；朱元璋出生时的种种祥瑞；朱元璋在皇觉寺做沙弥时，曾在庙中伽蓝神背后写"发配三千里"五个大字；刘伯温被高人魂魄附体等。

其中的"朱元璋把常遇春的老婆大卸八块煮汤"的故事，是说常遇春妻没有生育，常遇春本人又是个"妻管严"，不敢纳妾。"圣祖悯常遇春无嗣"，朱元璋可怜他将门无后，就让人把常遇春妻肢解了。常遇春却受到惊吓，从此得了癫痫。这故事编得是毫无根据。

常遇春病死于北伐途中，一生都没患过癫痫。常遇春的妻子是凉国公蓝玉之妹蓝氏夫人，并没有被朱元璋斩杀。常遇春还有常茂、常升两个儿子。

洪武三年（公元1370年）十一月，朱元璋大封功臣时，常茂以常遇春大功，封郑国公，食禄二千石，并得授可供世代享受特权的铁券。

另外，按《明宋文宪公濂奉敕撰开平王神道碑并序》中的说法："妻定远蓝氏，封开平王夫人。子男三人，曰茂、曰升、曰森，皆上所赐名。女三人，长许为皇太子妃，馀皆幼。"

即常遇春并非只有两个儿子，而是三个：长子常茂、次子常升、三子常森。这三个儿子的名字，都是朱元璋赏赐的。又有三个女儿，其中的长女，许配为皇太子朱标为皇太子妃。

常遇春死后，按照《明史》的说法，是朱元璋"亲出奠"，命礼官议天子为大臣发哀礼，"用宋太宗丧韩王赵普故事"，赐葬钟山原，给明器九十事纳墓中。没有提到身穿龙袍下葬。

不过，民间流传有一张据说是朱元璋令宫廷画师为常遇春公绘制身穿龙袍的全身像，估计常遇春身穿龙袍下葬的情节，就是由这幅画敷衍出来的。

宝庆公主

夫婿真的是变态的吗？

南京南郊板桥三山有一个砖厂，砖厂不断从山上取土烧砖块，天长日久山体被掏空，渐渐成了一个小山包。

只要小山包也被铲成平地，则砖厂也必须搬迁，另寻他址了。

到了2008年，已经为孤岛的小山包上凸下凹，山包头部悬空，随时都会坍塌。这年9月20日，砖厂民工爬上山顶察看险情，意外在矮树包围和荆棘丛生的缝隙发现了一个古墓葬。古墓的墓门部分已损坏，墓顶一边也已经基本塌陷，被高高地悬在山顶半空。

砖厂附近一位贲姓的热心市民当天将情况报告给了南京市博物馆。南京市博物馆的考古队员于是匆匆赶往现场探访。

古墓已遭到严重破坏，大部分坍塌，可能早已被盗，只留有封门、墓底部和一部分侧壁，侧壁上还有龛。根据这些形制，考古队员基本可以判断该墓属于明初期的贵族墓。

让考古队员感到庆幸的是，他们在古墓门口找到了非常完好的墓志和墓志盖。墓志和盖呈蚌合状，青石表面还留有铁箍紧紧箍住的痕迹，不过铁箍早已经朽烂。

考古队为了妥善安置墓志，将其拖回了南京市博物馆。

由于原本箍住墓志和盖的铁箍已经朽烂，考古队员几乎不费什么力气就打开了墓志。墓志盖内壁上刻着八个圆篆体大字："宝庆大长公主圹志。"

明太祖朱元璋最小一个女儿叫宝庆公主，"大长"是公主的孙辈做了皇帝后给公主的封号。如果没有意外，这就是朱元璋女儿的墓地。

考古队员十分兴奋。

墓志盖下面是同样大的一块石板，上面刻着墓志铭文，果然，就是明太祖朱元璋的第十六个女儿宝庆公主！

实际上，早在1995年，南京市博物馆就在宝庆公主墓地附近发掘出她的丈夫——驸马赵辉的墓地了。

《明史·诸帝公主》记：宝庆公主，太祖最幼女，下嫁赵辉。赵辉父赵和以千户之职跟从成祖征安南阵没，赵辉袭父官。先是，成祖即位，公主年方八岁，成祖命仁孝皇后抚之如女。永乐十一年，赵辉以千户守金川门，年二十余，状貌伟丽。成祖遂选为驸马。公主为皇后所抚，嫁妆远比其他公主丰厚，且由皇太子送至驸马邸。公主性纯淑，宣德八年薨。赵辉至成化十二年始卒。凡事六朝，历掌南京都督及宗人府事，家故豪侈，姬妾至百余人，享有富贵者六十余年，寿九十。

宝庆公主病逝于宣德八年，即公元1433年，享年三十九岁；而丈夫赵辉死于成化十二年，即公元1476年，享年九十岁。他们下葬时间前后差了四十三年！

实际上，明代也有公主驸马不合葬的规定，南京市博物馆在发掘赵辉墓时，推测公主的墓也应该在附近，但由于当年的技术条件有限，没有做进一步的勘探，致使公主墓遭到了如此严重的毁坏。

根据相关文献记载，赵辉的父母、儿子和孙子也都应葬在此地。当年，当地一位村民在山坡上偶然寻得赵辉孙子的墓志，藏于家中达二十年，听说专家来发掘公主墓，因此主动将赵辉孙子的墓志捐献给了博物馆。

公主墓发掘现场，出现了许多绿色的琉璃构件，有些是精美的凤纹瓦当，还有带寿字的瓷片。

专家说，用绿色的琉璃说明等级很高。根据出现的琉璃构件数量及其形制来看，当年的建筑很气派。只可惜，有着如此丰厚人文地貌的墓葬群被毁坏了。

明史研究学者马渭源先生特别提到，网络上传得很火的"四岁宝庆公主机智救母"的故事并不见于史载，纯为好事网友的编造；而传说驸马赵辉是个性心理严重变态的好色之徒也仅见于野史，并不是实情。

"四岁宝庆公主机智救母"的故事讲的是，朱元璋临死前下令所有嫔妃必须殉葬，但因四岁的宝庆公主适时向朱元璋讨好，化解了朱元璋的杀心，从而留下了她的母亲张美人。

的确，明初的几位皇帝，包括明太祖朱元璋、明成祖、明仁宗、明宣宗死后都有嫔妃殉葬，所以这几位的名声都有了污点。

但是，明太祖朱元璋的葬礼是建文帝主持的；明成祖的葬礼是明仁宗主持的；明仁宗的葬礼是明宣宗主持的；明宣宗的葬礼是明英宗亲政前由"三杨"主持的。明太祖和明成祖虽然残暴，但他俩其实未搞过殉葬。更没有任何史料可以证明明太祖死前要求谁谁谁必须殉葬。

残酷的殡葬制度在明初复兴，其实是程朱理学过于强调忠孝节烈的结果。理学要求每个人都做圣人，都遵守忠孝节烈的道德规范，建文帝、仁宗、宣宗自小受文官影响很深，被文官们称为仁孝贤君，但殉葬恶行却是他们搞出来的。

至于《玉芝堂谈荟》记"驸马都尉赵辉，食女人阴津月水"之类的胡话，其实是无聊文人的无聊之作，听听就好，万不可当真。要知道，即使是严肃的史料记载，史界也有"孤证不采"的惯例，何况只是一本龌龊不堪的二三流野史呢？

硕妃

朱棣的母亲是高丽人吗？

关于朱棣的生母，大致有三种说法。

第一种是官方说法，如《明史》所记：马皇后前后生五子二女：长子懿文太子朱标，次子秦愍王朱樉，三子晋恭王朱棡，四子明成祖朱棣，五子周定王朱橚；以及两个女儿宁国公主、安庆公主。但《明史》的说法来自《明太宗实录》；而《明太宗实录》又参考自朱棣刚刚登基称帝时指使臣下编写的《奉天靖难记》。

考虑到朱棣的帝位是从侄子那儿篡夺而来，为强化自己继承帝位的正统性，有粉饰自己血统的成分。所以，未必为真。

明代藏书家郎瑛有缘见过鲁王府家藏玉牒，他在《七修类稿》中透露："高后生二子，出今鲁府玉牒。"高后就是孝慈高皇后，即马皇后。按郎瑛的说法，马皇后只生过两个儿子，一个是懿文太子朱标，另一个是鲁王朱檀，至于"秦王朱樉，晋王朱棡，明成祖朱棣，周王朱橚"，都不是马皇后所生。

清代诗人朱彝尊应该没读过郎瑛的《七修类稿》，他的考证更狠，他在《静志居诗话》卷十三沈元华条记："善高后从未怀妊，岂惟长陵，即懿文太子亦非后生也。"

意思是说马皇后根本就没有生育能力，从没生育过一儿半女，不但朱棣，就连懿文太子朱标都不是马皇后生的。

朱彝尊的考证依据来源于明朝汪宗元所撰写的《南京太常寺志》。因为《南京太常寺志》中的记载是："孝陵神位，左一位淑妃李氏，生懿文太子、秦愍王、晋恭王。右一位碽妃，生成祖文皇帝，孙贵妃生周王。"即《明史》所记马皇后所生五子都是有母亲的，即懿文太子朱标，秦王朱樉，晋王朱棡，都是李淑妃生的；明成祖朱棣是碽妃生的，周王朱橚是孙贵妃生的。

那么，《南京太常寺志》中的记载属不属实呢？

属实。

明崇祯年间进士李清在《三垣笔记》记述：他曾经对《南京太常寺志》记载成祖为碽妃所生事感到困惑，专门和钱谦益去开启孝陵寝殿检验过了，没有错，里面的神位果然是《南京太常寺志》记载的那样。

这么一来，明史学会前会长商传先生是非常赞同朱彝尊这一考证的，他多次在公开场合咬定马皇后是没有生育能力的。

马皇后有没有生育能力另说，明史学家顾诚先生也专门从朱棣的出生时间进行考证，与马皇后的活动轨迹对不上号。所以，朱棣绝不是马皇后所生。

第二种说法，来自民间野史传说，说朱棣的母亲瓮氏是蒙古人，原本是元顺帝的妃子。此说以清初刘继庄著作的《广阳杂记》影响最大。

受《广阳杂记》影响，有人甚至脑洞大开，说朱棣直接就是元顺帝的种。此说根本不值一驳。因为明朝大军攻克大都、掳获元廷众嫔妃的时间为公元1368年，而朱棣出生于1360年。之所以会流出这种说法，主要是满足小市民的猎奇心理——就如胡编元顺帝是宋恭帝之子的说法如出一辙，毫无新意。

而根据上面《南京太常寺志》的记载可知，朱棣的生母就是碽妃无疑了。

问题是，这个碽妃是什么来头，毫无线索可查，至今还是一个求解之谜。有人说她是高丽人，也有人说她是蒙古人、色目人（元明清对中西亚各民族统称）……

傅斯年分析，色目人深目长眉，应该不对朱元璋的胃口；蒙古人憨厚敦实，没法与风情万种的高丽人比，所以碽妃应该是高丽人。此说一出，很多人都认为了朱棣身上流有朝鲜人的血液。其实，身上流有朝鲜人的血液，也不能否定朱棣的帝胄身份。就如大家都知道国姓爷郑成功身上流有日本人的血液，但并不妨碍他的民族大英雄形象。

问题是，朱棣出生于公元1360年，这之前他的父亲朱元璋只是小明王韩林儿手下的江南等处行中书省平章，在应天设天兴建康翼大元帅府镇守在建康，他那时有条件命令高丽国入贡贡女了吗？

所以要我说，朱棣的母亲应该还是汉人的可能性居高。

徐妙锦
朱棣为什么不让自己的小姨子结婚呢？

"朱棣不让自己的小姨子结婚"的谣言源于清朝人查继佐写的《罪惟录》。友情提示一下：武侠小说宗师金庸先生便是查继佐的后人。

查继佐在《罪惟录》中所写"靖难之变"前后事，取材间有来自道听途说，不够严谨。其卷二《徐皇后传》后附有徐皇后妹徐妙锦的小传：中山王徐达共有四女，长女即为明成祖的徐皇后，次女为代王妃，三女为安王妃。燕王朱棣南京得国后不久，徐皇后病故。朱棣欲聘徐妙锦为皇后。时年二十八岁的徐妙锦宁死不从，削发明志，化身为尼。

女人拒绝当皇后，就跟男人拒绝当皇帝差不多了，事件的震撼力非同小可。有好事文人在震撼之余，揣摩徐妙锦拒婚的心理，代作了一封《答永乐帝书》，流传很广。"朱棣不让自己的小姨子结婚"的谣言由此弄假成真。

实际上，查《明史》可知，中山王徐达只有三个女儿。长女嫁给了明成祖朱棣，即徐皇后。次女嫁给了代王朱桂，是为代王妃；三女嫁给了安王朱楹，即安王妃。

插一句，史籍通常不记载女子的名字，徐皇后、代王妃和安王妃的名字均难以考证，《罪惟录》突然冒出一个"徐妙锦"的名字，突兀无比。

再看，《罪惟录》说徐妙锦是徐达第四女，在徐皇后病故时已二十八岁。

查徐皇后病故的时间是永乐五年（公元1407年），往回推二十八年，"徐达第四女"徐妙锦应该生于洪武十二年（公元1379年）。

徐达第三女所嫁的丈夫安王朱楹也有生年可查——朱楹生于洪武十六年（公元1383年）。

大家发现问题没有？"徐达第四女"徐妙锦竟然比她的"三姐夫"朱楹还要大四岁！想想看，徐达第三女又应该比她的夫君朱楹大多少岁呢？这可能吗？就算朱楹能接受，他的老子朱元璋也不能接受。

历史的真相是：徐达第三女安王妃年纪比安王朱楹小一两岁，即出生于洪武十七年（公元1384年）或洪武十八年（公元1385年）。

但大家还要注意一个问题：中山王徐达死于洪武十八年。想想看，在洪武十七年或洪武十八年生育了第三女安王妃的徐达，还有多少机会再生育下所谓的"第四女"徐妙锦？！

由此可见，"徐达第四女"徐妙锦根本就是一个子虚乌有的虚构人物，不是徐达生育出来的，而是查继佐的脑袋虚构出来的。

唐赛儿
明成祖朱棣为何对这个奇女子无比忌惮？

在滨州黄河大桥北段矗立有一座巨大的雕像，这是进入滨州的第一雕像，也是滨州目前最高的雕像，几乎成为滨州的形象标志。

这座雕像修建于1971年，是滨州黄河大桥二次修建通车后建设，当时雕像下还立了一块石碑，石碑上的文字记述了雕像主人的生平、英雄事迹。但因后来修建外环公路，石碑被撤掉了。没有石碑介绍，很多人看着高耸入云的雕像，只知道这是一位身披战袍的女英雄，却不知这个女英雄是谁。

说起来，这个女英雄曾经发起数万人起义，搅动山东十八个州县，震动京师，让当时的明朝政府焦头烂额、坐立不安，是一个响当当的角色。可是，也许是男尊女卑的思想作祟，正史上竟没有她的记载。

现在我们查《明实录》，出现在永乐十八年（公元1420年）二月初十的一封由直隶沂州卫传到永乐帝手中的奏折倒是记载有与她有关的事迹，但上面的文字只是："莒州贼董彦杲等聚众两千余人，以红白旗为号，大行劫杀，莒州千户孙恭等往招抚，杀其从者，势甚猖獗。"

"以红白旗为号"，说明这是一场白莲教起义；"董彦杲"，不过是这位女英雄的部下。这位女英雄在正史上记载无多，在野史里却是大大有名。其中的《女仙名史》甚至把她描绘成一个无所不能的天仙级人物——唐赛儿。

唐赛儿是山东蒲台县人（今山东省滨州市蒲城乡），家境贫苦，自幼从父习武，不到十五岁就武艺超群。

明初，山东连年灾荒，饿殍遍野。明太祖朱元璋死后，驻兵北京的燕王朱棣发动"靖难之役"，与南京的建文帝争夺皇位。山东是主战场，人民承受着战争带来的无尽灾难。

朱棣做皇帝后把京城从南京迁到北京，大修宫殿。而为了供养京师官员及军队，又组织南粮北调，修浚运河，开凿会通河，大量征调民夫，山东人民不堪忍受，怨声载道，起义之势如干柴烈火，一触即发。

唐赛儿的父亲和丈夫林三就是在这种背景下被抓，在服劳役过程中劳累死亡的。

唐赛儿悲愤莫名，决心率众起义。她以传白莲教为名，往来于益都、诸城、安丘、莒州、即墨、寿光等州县，纠合了民众数千，于永乐十八年（公元1420年）二月在益都卸石棚寨（今山东省青州市境内）起事，杀了青州都指挥使高风。

起义军旗开得胜，各地民众纷纷响应。

山东是漕运要道，是供给京师的基础，出了这等大事，京师震动。永乐帝命安远侯柳升为总兵官，都指挥使刘忠为副总兵官，精选五千京师精锐人马赶来镇压。

临行之前，永乐帝亲自面授机宜，叮嘱柳、刘两人："贼凭高无水，且乏资粮，当坐困之，勿图近攻。"

但柳、刘两人让永乐帝失望了。精选出来的五千京师不仅全军覆没，莒州、即墨、安丘等州县还被唐赛儿占领了。

永乐帝暴跳如雷，将柳升下狱，并以"纵贼为乱不言"的罪名，把山东布政使、参议、按察使、按察副使、金事和出现起义的郡县官吏，统统处死。

在朝廷的高压和强有力的支持下，唐赛儿的区区数万之众终于被山东都指挥金事击溃消灭了。

不过，唐赛儿和董彦杲等人都在战乱中逃脱，不知所终。

永乐帝恼羞成怒，为了防止唐赛儿出家为尼，混入道姑行列，在同年三月和五月下令："凡北京和山东境内尼及道士悉捕至京师诘问之。""凡军民妇女出家为尼及道者，悉关京师。"于是先后有一万多名尼姑、道姑被逮往京师诘问。

据说因为唐赛儿一案，起码造成了一万多名年轻女子蒙冤惨死！

但是唐赛儿仍是"不知所终"。

《九朝野记》倒是记载唐赛儿曾被生擒，但结果却是："既而捕得之，将伏法，恬然不惧。裸而缚之，诣市临刑。刃不能入。不得已，复下狱，三木被体，铁钮系足，俄皆自解脱，竟遁去，不知所终。"

显然，这种记载是胡编神话，并不可信。

唐赛儿起义虽然只有六十多天的时间，但发生在明朝兴盛阶段，影响还是很大的。

经过这一事件，明朝统治吸取了一些教训对农民的压榨和剥削作了一些让步。据《明史》记载："是月，赈青、莱饥。"第二年（公元1421年）"诏罢不便于民及不急诸务；蠲十七年前逋赋，免去年被灾田粮"。

时间已经过去了六七百年，青州至今还流传着许多有关唐赛儿的传说。

当地人民为了纪念她，把卸石棚寨改名为"唐赛儿寨""唐三寨"。寨顶现有清同治二年（公元1863年）所立石碑："唐三寨由来久矣，自大明永乐十八年，蒲台民林三之妻唐赛儿者创修此寨，而山因以名焉。"直到现在，卸石棚寨仍存留寨墙、舂米石臼等遗物。

滨州人民不仅在滨州黄河大桥以北修建了唐赛儿雕像，还在原蒲台县西关原址修建了唐赛儿祠，以纪念这位杰出的农民起义女领袖。

瓦氏夫人
有刀法、阵法和练兵法传世，威慑倭寇胆魄

每年的广西南宁国际民歌节活动中，都会出现一项极具广西壮族特色的体育运动：三人一组的参赛者穿着长四五米的木板鞋，后人双手扶着前者的肩，等裁判发令出发并开始计时，比赛者按比赛竞速时间，排列名次，奖励优胜。

这项运动讲究体力、速度，更讲究队友间的默契配合，若有节奏出错，就会出现三人同时摔跤的现象。因此，每逢这项赛事出现，总会紧张有趣，收获笑声一片。

然而，很多人不会知道，这项运动的发明者，其实是一个女人。这个女人，就是在明朝嘉靖年间威慑倭寇胆魄的广西壮族巾帼英雄瓦氏夫人！

瓦氏夫人并不姓瓦，其本名岑花，生于明弘治九年（公元1496年），父亲是归顺直隶州土官岑璋，嫁给田州土官岑猛为妻，虽说壮族土司时代有官族与官族通婚以及壮族婚姻不避同姓的习俗，但夫妻同姓，终究不大好，遂改称为"瓦氏"。

瓦氏和花木兰、佘太君、穆桂英等文学作品创造出来的虚构巾帼英雄不同，她是一位史书有传、曾真真实实地在历史上叱咤风云的女英雄。至今，世上还流传有瓦氏传下的刀法和兵法。

瓦氏自小跟名师练成鸳鸯刀法，晚年又经自己推陈出新创立"瓦氏双刀功"，赢得武林同道的尊重和敬仰。

当时，江浙一带许多豪杰侠士都慕名拜瓦氏为师。其中，素有"天都侠少"之称的安徽歙县人氏项元池就是瓦氏的关门弟子。项元池后来在浙江湖州

建立"绥翠堂"武馆，专教"瓦氏双刀功"秘诀。

明末清初著名的史学家、诗人兼武术家吴殳是项元池的得意高徒。

吴殳跟随项元池学了"瓦氏双刀功"喜不自胜，曾作《双刀歌》盛赞双刀功的威力，歌中的"石柱瓦氏女将军"一句，是把明朝另一女英雄秦良玉和瓦氏夫人相提并论了。另外吴殳还写有《短降长说》，详细论述"瓦氏双刀功"的特点及其在实战中的具体应用，将之称为"瓦氏双刀降枪法"。

明亡后，吴殳矢志反清，周游天下，广结豪杰，学习各门各派武术，甚至学习掌握了日本单刀著《单刀图说》一书，称"唐有陌刀，战阵称猛，其法不传。令倭国单刀，中华间有得其法者，而终不及倭人之精"。

因憾于中华单刀之术"不及倭人之精"，吴殳在五十岁时将自己学到的渔阳单剑、日本单刀、瓦氏双刀融为一体，创立了"双刀十八式"，右手刀中混入剑刺之法，左手刀纯施刀法，以左右撩刀等八势为核心，以短破长，终于成为一代武术名家。

再说回瓦氏，瓦氏的另一传世之作是"瓦氏阵法"。

"瓦氏阵法"脱胎于瓦氏家传的"岑家兵法"。"岑家兵法"是最为系统和完整的壮族古代兵法，明人邝露《赤雅》卷上《岑家兵略》中详细记有"岑家兵法"的精粹。

瓦氏排兵布阵精湛绝伦，扬名于世。明浙江巡御史胡宗宪在其著《筹海图编》中赞叹瓦氏阵法"能以少击众，十出而九胜"。"瓦氏阵法"后来还被收入明代抗倭兵书《江南经略》，影响并演变成了后来戚继光的"鸳鸯阵"。此外，瓦氏的练兵之法也深为同时代人所赞颂。

《倭变事略》《松江纪略》《张氏卮言》等书有称："以妇将兵，颇有纪律，秋毫无犯。""瓦氏虽妇人，军法甚整，下无侵。""骁勇善战，军令严明。"

本文开头提到的穿长四五米木板鞋竞走的比赛，就是瓦氏训练广西狼兵团体合作性所创的一种绝佳方法。这种独具一格的练兵方法，使得狼兵在战场上能团结一致，众志成城，英勇无畏，如同天降神兵。

瓦氏的刀法、阵法、练兵法在破安南（越南古称）、平定桂西地区的"田州之乱"以及平定海南黎民之乱中大显神威。但真正让这三项神技大放异彩的，是在抗倭战场上。

瓦氏的夫君岑猛在嘉靖六年（公元1527年）被诬叛乱，与儿子岑邦彦一同含冤而死。后来王守仁（即王阳明）等官员为岑猛父子申冤，得以平反，田州土官由瓦氏之孙岑芝承袭。

嘉靖三十二年（公元1553年），倭寇入侵海南，岑芝在那燕战役中不幸战死。其曾孙大寿只有四岁，故田州由瓦氏夫人主政代理知州事。

瓦氏夫人处理田州政务有条不紊，州内之事，"躬为规划，内外凛然"。

彼时，倭寇侵犯我国江浙沿海地区，明朝廷多次派兵征讨都无济于事，皆以残败告终。以致沿海居民人心惶恐，倭寇不可战胜的神话谣传不胫而走。

明嘉靖三十三年（公元1554年），明朝廷令兵部尚书张经总督各路兵马前往江浙抗倭。张经曾总督两广军事，深知广西狼兵（壮族土司官兵）勇敢善战，于是决定征调田州等地狼兵出征。

年近花甲的瓦氏以其曾孙大禄等年幼"不能任兵事，请于督府张经，愿身往"。

张经准其所请，授予"女官参将总兵"军衔。

明嘉靖三十三年十月中旬，瓦氏率田州（今广西西部田阳县、田东县一带）、归顺州、南丹州、东兰州和那地州等地狼兵六千八百五十二人出发，慨然表示："是行也，誓不与贼俱生。"

翌年三月初一到达苏州，三月十二日到达江浙海防第一门户金山卫驻防，成为各路客军中最先到达抗倭前线的部队。

按照督府张经的部署，瓦氏所率领的田州兵隶属总兵俞大猷指挥，其余各州队伍则分属游击邹继芳和参将汤克宽等指挥。

瓦氏多次请求速战，广西狼兵也个个摩拳擦掌，准备杀敌立功。张经以狼兵初到、未熟悉情况为由，下令不许轻举妄动。

四月初五，瓦氏终于得到了前往漕泾镇截击倭寇的命令。

该战，五十九岁的瓦氏披发舞刀，往来突阵中，所乘马尾鬃为倭拔几尽。

四月十九日，两千多名倭寇"突出金山卫，从独山往嘉兴。俞大猷先不敢拒，乃率瓦氏兵追其后，被贼反攻，杀伤颇众，大猷先奔，赖瓦氏殿后，得免全覆"。

四月二十一日，又有二千多名倭寇南来金山，白泫都司率兵迎击，被倭围困重重，瓦氏拔刀往援，战况激烈，如吴殳《双刀歌》里所写，"女将亲战挥双刀，成团雪片初圆月"，终于破寇重围，救出白泫。

至此，瓦氏的神勇之名遍传敌我两军之中。

谢肇淛也因此称赞说："国朝土官妻瓦氏者，勇鸷善战，嘉靖末年，倭患，常调其兵入援浙直（今江苏省），戎装跨介驷，舞戟如飞，倭寇畏之。"

四月二十八日，瓦氏又参加著名的王江泾（今浙江省嘉兴市）大战。该战全线斩贼首和溺死者约四千人，取得了征倭以来的第一次大胜利，扭转东南抗倭战局，打破了倭寇不可战胜的神话，史称"自军兴以来，称战功第一"。

六月，瓦氏夫人率领狼兵在陆泾坝（今江苏省苏州市）斩获倭首三百余级，烧毁海盗船只三十余艘，令倭寇闻风丧胆。

瓦氏夫人勇猛杀敌，"十出九胜"，在整个抗倭战争中起了极为重要的作用，被朝廷诰封为"二品夫人"。

江浙人民尊称瓦氏为"宝髻将军"，视之为抗倭"长城"。

不久，抗倭总督大臣张经陷入政治斗争中，被严嵩陷害入狱。

瓦氏壮志未酬，含愤患病，告假还乡。

回到田州以后，瓦氏病逝于田州土司府署，享年五十九岁，被追封为"淑人"。

瓦氏所葬的地方在现在广西百色市田州镇隆平村那豆屯东北约五百米处。该处，当地人称为"地太"，壮语意为"太婆之地"。

据《镇安府志》记，以"地太"为中心方圆一千亩的范围内，埋葬着包括瓦氏夫人及田州土司十六世祖岑太禄、二十二世祖岑澜在内的七座土官墓。可惜近代已经全部遭到破坏，大部分地面文物已经不见踪影。

1989年，附近的农民在隆平村平街屯鱼塘边找到了一块盖水沟的墓碑，墓碑的碑文是："前明嘉靖特封淑人岑门瓦氏太君之墓"，人们这才又重新记忆起了曾经的巾帼英雄。

现在的桂西靖西、巴马等地都是与瓦氏有关的地方。巴马曾属田州管辖，设有巴马巡检司；靖西是瓦氏夫人出生地。为了祭祀这位民族英雄，巴马人民在巴马镇大街上建起了"瓦氏夫人庙"，1995年迁至巴马巴定山上，与"岑大将军庙"（岑猛庙）并立。自1995年后，附近几个县的人们每逢清明、重阳都前往祭祀，且每三年有一次大祭。

后人终不会忘记广西曾经出过这样一位既是政治家，又是军事家，更是武术家的爱国民族女英雄。

长平公主
真实的命运到底是怎样的？

最先把崇祯的女儿长平公主写入武侠小说的应该是梁羽生，他在《江湖三女侠》中着力刻画了一位武功高深测的世外高人——独臂神尼九难。有关于这位独臂神尼九难，梁羽生特别交代，她便是崇祯的女儿长平公主朱徽婳，在甲申年（公元1644年）三月遭遇国破家亡，手臂被父皇斩断，流落于江湖，练成不世武功，收了八个威震天下的徒弟：了因、黄仁父、李源、周浔、白泰官、路民瞻、甘凤池、吕四娘。其中的吕四娘后来还潜入深宫，刺杀了雍正皇帝。

受梁羽生启发，金庸也挥动如椽巨笔将长平公主写入自己的作品，先是在《碧血剑》中刻画成出身皇家却不乏江湖儿女气概的女侠阿九，后来又在《鹿鼎记》中沿袭梁羽生的路子，赋予之独臂神尼的世外高人形象。

不过，说起来，金庸写崇祯斩长平公主手臂的经过，是有几分写实的。

按照明人计六奇的《明季北略》记，甲申年三月丙午（三月十八）日，北京内城告破。崇祯携太监王承恩往南宫，登煤山，抬目远眺，确认内城确实陷落，徘徊踟蹰时，掉头迈往乾清宫，布置应急善后事宜。他先提朱笔传书内阁，命人提督内外诸军事，辅佐太子，然后命人温酒，与周后、袁妃，同坐痛饮，慷慨决绝。

崇祯边饮边叹道："苦我民尔！"命人将三个儿子太子慈烺、定王慈炯、永王慈炤叫来。

三子匆匆忙忙地赶来了，身上还穿着皇子的服饰。

崇祯板着脸说道："此何时？可弗改装乎？"着令宫女取来旧衣，自己亲手帮他们换上，细心地系紧衣带，一边系一边说："社稷倾覆，使天地祖宗震怒，实尔父之罪也。然朕亦已竭尽心力，其奈文武诸臣，各为私心，不肯后家先国，以致败坏如此尔。今不必问其祸福，只是合理做去。朕无他虑也。"

系好了衣带，分别拍了拍三人的肩膀叮嘱说："尔等今日是太子，王城破，即小民也，各自逃生去吧！不必恋我，朕必死社稷，有何面目见祖宗于地下？尔等切要谨慎小心，若逢做官的人，老者当呼为老爷，幼者呼为相公；若遇平民，老者呼为老爹，幼者呼为老兄，或称为长兄，呼文人为先生，呼军人为户长，或称曰长官。"一番话，全是慈父亲对幼子拳拳爱护的肺腑之言，与寻常百姓无异。想了想又嘱咐说："万一得全，来报父母仇，无忘我今日戒也！"然后才千般不舍地让侍从带走三子，分送外戚。

看着三个儿子远去的背影，崇祯悲怆万分地叹道："尔三人何不幸生我家也？"

周、田二贵妃泪如雨下地对周皇后说："大事去矣！"

周皇后顿首恸哭着对崇祯说："妾事陛下十有八年，从不听一语，至有今日！"追着出去，拊着太子、二王，流着眼泪，千叮咛、万嘱咐，与他们诀别后，便恸哭着返回了坤宁宫。

崇祯自伤自怜，一壶酒喝尽，才举步走向坤宁宫，发现周皇后已经上吊自尽，遂老泪横飞，口中却连称："好！好！"

十六岁的长平公主在一旁号哭不已。

长平公主是崇祯皇帝的第二个女儿，也是六位公主中唯一长大成人的一个。根据《明季琐闻》的记载，她是周皇后生的第一个孩子，太子朱慈烺是她的弟弟。

《崇祯长编》于崇祯十六年（公元1628年）的记录里说："帝谕礼部：'朕长女年已及笄，礼宜择配，卿部榜谕官员军民人等，年十四五岁，品萃端良，家教清淳，人才俊秀者，报名，赴内府选择。'皇长女婚礼应用府第及冠服等仪，敕所司如例造办。"最后选定的驸马爷是太仆周国辅的儿子都尉周显。可惜，大明朝在李自成起义军的冲击下摇摇欲坠，长平公主与周显的婚事被耽搁下来了。

此时，大明朝倾覆在即，而覆巢之下，安有完卵？

崇祯看着楚楚可怜的女儿，垂泪叹道："汝奈何生我家？"左袖掩面，右手挥剑，一剑劈向公主。

公主看见剑来，本能地以左臂一挡，臂被斩断，当即昏厥倒地。

崇祯上前一步，想挥剑砍下公主的头，手却剧烈地颤抖起来，说什么也握不住剑。

宫中一时大哗，人人均惊呼道："皇爷动刀矣。"

崇祯扭头"遍召所御妃嫔数人，俱亲杀之"，其中袁贵妃上吊绳断堕地，未死，崇祯往她的肩头连砍了三剑，三剑砍完，两手酸软。

将这些妃嫔悉数处死后，崇祯召来太监王承恩一起喝酒，酒毕，登煤山，以发覆面，与王承恩双双在山上自缢身亡。

尚衣监何新入宫，见长平公主断臂仆地，与宫人施救使之苏醒。

长平公主流泪说："父皇赐我死，何敢偷生？"

何新答："贼已将入，恐公主遭辱，且至国丈府中避之。"把长平公主背起来送到周皇后的父亲周奎府里养伤。

其实，先前太子慈烺三兄弟也是走奔投靠国丈周奎，但周奎尚未起床，门役不肯传报，三兄弟无处可逃，于三月二十日被大顺军擒获。太子被李自成封为宋王。仅仅过了两个月，清军引兵入关，李自成率部西逃。

长平公主在外祖父周府养伤，看着李自成来了又走，见证了清军成为北京的新主人。

新主人非常懂得笼络民心，他们不但为崇祯帝哭灵，上谥号怀宗端皇帝（后又改称"庄烈愍皇帝"），将他和周皇后的棺木起出，重新以皇帝之礼下葬，葬在昌平明皇陵区银泉山田贵妃陵寝内，妃陵改称思陵，还公开悬赏寻找崇祯帝的后代，说"有以真太子来告者，太子必加恩养，其来告之人亦给优赏"。

长平公主一介女儿之身，不可能对清政府产生什么威胁，真的被"恩养"起来了。长平公主每日以泪洗面，寄希望于自己的三个兄弟能逃到南方，有朝一日光复大明。可是，太子朱慈烺并没能南下到南明地界，而于顺治二年（公元1645年）靠乞讨重回到北京，回到了周奎门口。

周奎接入，公主与弟弟"相见掩面泣"。但是，周奎懦弱，不敢私下窝藏太子，又相信了清廷"太子必加恩养"的鬼话，将事情上报清廷。

清廷的表现相当高明，指鹿为马，硬说太子是假的，将之处斩。

长平公主悲恸欲绝上书朝廷，请求出家为尼了结尘缘："九死臣妾，局蹐高天，愿髡缁空王，稍申罔极。"

清廷正在努力塑造满汉一家的形象，毫不犹豫地拒绝了长平公主的请求。还费尽心机地访查出崇祯当年为长平公主选定的驸马周显，赐给土田、府邸、金钱、车马，安排他们婚配，规格等同于清室公主。

婚后的长平在人前强颜欢笑，于"隐处饮泣，呼皇父皇母"，甚至"泣尽继以血"。

几个月后，清军攻陷南京，弘光小朝廷灭亡，长平公主的精神支柱彻底垮掉，猝然病逝，年仅十八岁。

清廷为了继续收买人心，为长平公主举行了一场盛大的葬礼，厚葬于广宁门外。

诗人吴伟业作有《思陵长公主挽诗》："贵主嫟音美，前朝典命光。鸿名垂远近，哀诔著兴亡。"

后人敷衍有戏曲《帝女花》，说长平公主是玉女下凡，状元郎周世显（即周显）为金童投生，两人遭遇国灭家亡，久经离别，重续前缘，双双殉爱而去。

故事非常唯美。但事实是长平公主血尽而周显未死。周显已经投降大清，接受了清廷赏赐的金银与田地，安然度过了后半生。

秦王妃
父兄是明朝的死敌，她惨被活埋陪葬

众所周知，明太祖朱元璋在逐鹿中原、开创大明王朝过程中，最为倚重的两大帮手就是徐达和常遇春。虽说徐达是百年难遇的帅才，但常遇春的能力似乎更全面一些，既可运筹帷幄，也可冲锋陷阵，且罕有败绩。所以，要论朱元璋对这两人中哪一个更为喜欢，应该是常遇春。这一点，包括朱元璋身前身后一众文武百官，无不心知肚明。

可是，某日酒后，朱元璋突然问手下文武官员："天下奇男子谁也？"

大家异口同声："常遇春将不过万人，横行无敌，真奇男子。"

朱元璋却摇头大笑说："遇春虽人杰，吾得而臣之。吾不能臣王保保，其人奇男子也。"

原来朱元璋最喜欢的人并非常遇春，而是王保保。

王保保乃是蒙古伯也台部人，其父为元翰林学士、太尉赛因赤答忽，母亲是元末将领察罕帖木儿的姐姐，其本人的蒙古名为"扩廓帖木儿"，意为"青铁"。

察罕帖木儿是元廷最后一根擎天大柱，他在被刺杀前一年，大败刘福通、韩林儿的韩宋政权，一举收复河南、山东等地，威势赫赫气焰张天。朱元璋迫于他的威势，一度萌生降元之想，曾遣使与之通好。而当察罕帖木儿意外被刺，朱元璋收到消息，夺口而出："元廷无人矣！"遂有了收取天下之意。

察罕帖木儿死，其外甥兼养子王保保被封为太傅、中书右丞相、河南王，袭其位、领其军，平定中原，驻兵于汴梁、洛阳一带，被元廷倚若长城。就因如此，明太祖朱元璋誉之为"天下奇男子"，先后写了七封书信招降。

王保保从山西一直退出漠北，对朱元璋的招降均不答。

朱元璋在王保保的老家河南沈丘俘获到王保保的妹妹王氏，因激赏王保保其人，自作主张，把王氏许配给了自己的第二子朱樉。

《明实录》卷六十八中记：洪武四年（公元1371年）九月，"册故元太傅中书右丞相河南王保保女弟为秦王妃"。.

朱樉是朱元璋非常看重的一位儿子，封秦王，领兵驻守西安，镇守明朝西北边疆。

朱元璋此举，一方面是继续对王保保进行招降，另一方面也是向王保保致敬。能成为天子的儿媳妇，应该是一件天大的喜事，但王氏却不卑不亢地进行了抗议。

《国初群雄事略》载："时妃有外王父丧，上命廷臣议之。"当时元朝驻守在云南的王保保的姥爷梁王阿鲁温死，王氏以"外王父丧"为由，婉拒婚事。但礼部尚书陶凯以"大功以下，虽庶人亦可成婚，况王妃无服"为由，进行了批驳。

朱元璋于是置"外王父丧"于不顾，正式发布册书，册王氏为秦王正妃。册书中称："朕君天下，封诸子为王，必选名家贤女为之妃。今朕第二子秦王椂年已长成，选尔王氏，昔元太傅中书右丞相河南王之妹，授以金册，为王之妃。尔其谨遵妇道，以助我邦家。"

王氏嫁给秦王朱椂后，相继生下了三个儿子。

洪武二十八年，秦王朱椂薨，由于其在生前屡次犯错误，朱元璋亲自定其含有一定贬义的谥号——"愍"。但毕竟爱子心切，朱元璋随后指定王氏为儿子殉葬。

《明史·秦王传》载："（秦王）其妃为元河南王王保保女弟，……洪武二十八年秦王薨，……王妃殉。"

王保保大概在洪武九年前后已经病逝，且北元残余势力经过洪武二十一年（公元1388年）的捕鱼儿海战役，已基本被肃清，所以王氏的存在与否已经不重要了。

高皇后
谁是高桂英？高桂英是谁？

某电视节目上有一位明史专家高谈阔论明末寇乱这一段，他突然提到了一个人：高桂英。开口闭口，一句一个高桂英。

谁是高桂英？高桂英是谁？

读过姚雪垠长篇小说《李自成》的人都知道，高桂英是闯王李自成的夫人！可是，姚雪垠的《李自成》只是小说，小说是不能当历史来读的。要搞清楚李自成的夫人是不是高桂英，还得查找史料。

通过现存史料，我们可以知道，李自成至少有五位夫人。李自成的第一位夫人叫韩金儿。这个韩金儿可不是什么好女人。她在十四岁时就艳名远播，先嫁一老绅，因为行为不检点被休；后又嫁一监生，同样因为行为不检点被休。明知韩金儿是个水性杨花的女人，李自成还是垂涎于她的美色，不顾不管地将她迎娶回家。结果，祸事来了。韩金儿趁李自成不在家，又勾搭上了同村的一个名叫盖虎儿的无赖痞子。李自成的脾气可不是之前的老绅和监生可比，一怒之下，拔刀杀死了奸夫淫妇，从而走上了亡命江湖的道路。

闯王高如岳（即高迎祥）曾于临洮府城外、关厢人家，劫掠了五个美女：邢氏、赵氏、余氏、安氏、邬氏，全部收为小老婆。李自成投奔高如岳，高如岳敬他是条汉子，慷慨把邢氏让给了他。

这个刑氏也是个不干不净之人。她跟了李自成没多久，就和李自成的部下高杰通奸，被发现后，和高杰一同投靠了明政府。

还有记载，说是顺治二年（公元1645年），清军在九宫山缴收李自成的金印和妻妾二人。

综上所述，李自成的女人已经有四个了。

下面就说说第五个，即上面提到的高桂英。

其实，即使你翻遍翻烂所有与李自成有关的史料，都不会找得到"高桂英"这个名字。

不过，史料中倒是明确记载有李自成最后一位妻子姓高，一般称之为"高氏"或"高夫人"，但这位高氏的来历很蹊跷，按照《甲申剩事》的说法，是李自成掳掠得来的。而据《小腆纪年》等史书记载，李自成在北京称帝后，曾

"立妻高氏为皇后"。也就是说，李自成对高氏是十分敬重的。高氏也称得上是李自成患难与共的战友。

顺治二年（公元1645年）二月，清兵穷追李自成，大顺军处境险恶，被迫撤至武昌时，据《绥寇纪略》《甲申纪闻》等书记载，"自成与其妻高氏、李锦……犹从之"。而当李自成在湖北九宫山意外死亡，高氏更团结大顺军余部，高举联明抗清旗帜，在抗清斗争中发挥了重要作用。南明隆武帝封高氏为贞义夫人，赐珠冠彩币，命有司建坊，题目"淑赞中兴"。由此可见，高氏是大顺军后期一个举足轻重的人物。

可是，高氏的名字并非"桂英"。著作《南明史》的历史学家顾诚先生就不无幽默地说："桂英这个芳名实际上是三百多年后姚雪垠先生代她取的。要是有起死回生之术，高夫人从三百多年的沉睡中醒来，听到人们呼之为'桂英姐'，也会被弄得莫名其妙吧。"

治史之人，不应该把小说当作史料对待。姚雪垠给高夫人起名"高桂英"，应该是受《杨门女将》中巾帼英雄穆桂英的影响。由于姚雪垠的《李自成》影响力巨大，现在百度百科中的"高桂英"词条，上面赫然还是这样的描述：高桂英，米脂城西壶芦山（俗称壶芦旦）人，高一功之妹，李自成夫人。

这都是对小说和史料不分而造成的谬误。

翁太妃

被儿子郑成功开膛破肚？

郑成功的母亲是日本人，名叫田川松。

田川松是个苦命人，她出生于日本九州岛平户，自小父亲早逝，母亲改嫁了一个名叫翁翊皇的铁匠。

大家看，"翁翊皇"这个名字可不像日本名字呀！是的，翁翊皇并非日本人，他是我国福建泉州移民到平户的汉人。

翁翊皇有个好朋友，名叫郑芝龙。郑芝龙之前是个海运商人，后来做些海上走私的营生，也从事劫掠，也就是海盗。

郑芝龙到日本平户藩看望好朋友翁翊皇，见到了田川松——想必，田川松风华绝代，不然就不会有年老时还惨遭清兵污辱的不幸了——心生爱意，喜迎为妻。

由于田川松是翁翊皇的继女，因此，很多史料也把她记为"翁氏"。而当郑成功后来封王，她即被记作"翁太妃"。

翁氏和郑芝龙共育有二子，长子即为郑成功，次子名叫田川七左卫门。郑芝龙后来接受了明朝招安，做得高官，受了厚禄，把翁氏和长子郑成功接回南京，送郑成功到国子监读书；而把次子留在了日本。

当然，郑芝龙也不是完全不管次子七左卫门，他一直和日本、日本华侨和田川氏保持密切联系，每年有商船来长崎，"书简数通""每岁来舶赠银"资给七左卫门。

郑成功本名叫郑森，在南京国子监读书期间，得名儒钱谦益喜爱，赠字

"大木"。

隆武政权在福州建立，封郑芝龙平虏侯，加太师，接着晋封平国公。郑芝龙的弟弟郑鸿逵则受封定虏侯，后改封定国公；郑芝龙另外的弟弟郑芝豹、族侄彩等都封伯。

十七岁的郑森"丰采掩映，奕奕耀人"，随父入朝面圣。隆武帝奇其貌，且其殿前问答，对答如流。隆武帝因此慨叹说："真是个英雄豪杰奇男子，可恨我没有一个女儿许配给你！你务必要尽忠朝廷，毋相忘也。"

当日，隆武帝赐郑森姓名为朱成功，封御营中军都督，仪同驸马，协理宗人府事。从此中外都称郑森为"国姓"，或称国姓成功、赐姓成功、朱成功。

郑成功为什么将自己母亲开膛破肚呢？

原来，隆武二年（公元1646年）八月，清军自仙霞关长驱直下福建，杀隆武帝、后诸人，在安平展开了肆无忌惮的淫掠。

郑成功的母亲年岁虽高，因为姿色艳丽，遭到清士兵的强暴，愤而自杀。

黄宗羲的《赐姓始末》载："成功大恨，用夷法剖其母腹，出肠涤秽，重纳之以殓。"

郑成功一生矢志抗清，跟其母遭难有很大的关系。

庄妃

亲自对洪承畴施展美人计了吗？

洪承畴是明崇祯朝的蓟辽总督，是明代最早的总督，出于正统年间。《明会要》记载："正统六年正月，征丽川，以兵部尚书王骥总督军务。"不难看出，总督由兵部尚书充当，级别特别高。

一开始，总督只是临时性官职，后来成为常设的地方军政长官，担任者大都得具备都察院都御史、兵部侍郎身份。

蓟辽总督，全称为总督蓟辽保定等处军务，兼理粮饷，节制顺天、保定、辽东三抚，蓟州、昌平、辽东、保定四镇。

督师比总督的级别要高一些，比如孙承宗、杨嗣昌，为内阁大学士、挂兵部尚书衔，虽然属临时职位，却是地方上皇帝的代表，专督军务。

蓟辽督师的全称是督师蓟、辽、天津、登、莱军务。袁崇焕能出任督师，是加了兵部尚书衔的。他的身份是兵部尚书、右副都御史（特赐尚方宝剑）兼督师蓟、辽、天津、登、莱地区的军事防务，负责抵御后金军队南下。

名将谭纶在隆庆元年进左侍郎兼右佥都御史，总督蓟、辽、保定军务；而到神宗朝起兵部尚书，便成了蓟辽督师。

由此可见，督师级别高于总督。

蓟辽总督洪承畴在松山城破时被清军活捉，乃是明清双方交战中的一件大事。据说，现在松山南城岗有一"马失前蹄"处，即是洪承畴被捉处所。

松山大战两百多年后，清嘉庆帝令人在此立《御制述事碑》，纪念松山、杏山大战得胜史实。嘉庆帝和道光帝分别在碑文赋诗，得意非凡。则可以想见当初皇太极擒洪承畴时是如何欢欣鼓舞、顾盼自雄。

皇太极下令把拒降的丘民仰、曹变蛟、王廷臣及其部二百多人，连同所部士兵三千余人一股脑儿处斩，独留下洪承畴和祖大乐。同时，把松山城夷为平地。

洪承畴被押到沈阳以后，幽禁在大清门左边旧有的三官庙内。一开始，洪承畴表现得非常有风格，宁死不降。但是，洪承畴后来为什么就毫无心理障碍地投降了呢？民间广泛流传有洪承畴中美人计的说法。

该说法主要见于蔡东藩所著《清史演义》："原来洪承畴人本刚正，只是有桩好色的奇癖。这日正幽在别室，他是立意待死，毫无他念，到了巳牌，红日满窗，几明室净。听门外叮当一声，开去了锁，半扉渐辟，进来了一个青年美妇，袅袅婷婷地走近前来，顿觉一种异香扑入鼻中……"

该青年美妇施展媚功引诱洪承畴"说一允字"后"遂嫣然一笑，分花拂柳地出去"。

书中最后交代："看官！你道这美妇是何人？便是太宗最宠爱的庄妃。因闻承畴不肯投降，她竟在太宗前，作一自荐的毛生，不料她竟劝降承畴，立了一个大大的功劳。"庄妃，便是皇太极的爱妃博尔济吉特氏，即后来的孝庄皇太后。

这种说法一听就知是假。要知道，庄妃即是皇太极的爱妃，皇太极岂肯会让她牺牲色相去勾引一个阶下囚？！而要说庄妃是瞒着皇太极单独去看望洪承畴的，当时的皇太极住沈阳的清宁宫，与庄妃所住宫室在一个院落，庄妃的一举一动又岂能逃过他以及其他嫔妃、宫女的眼睛？最主要的是，洪承畴终其一生只娶一妻纳一妾，应该不会在生命垂危之时为一个中年妇女心动而变节！实际情况是，洪承畴本来就不是苏武、文天祥一类心坚如磐石的伟烈丈夫，被羁押时间长了，思想就发生了转变，毕竟平日慷慨成仁易，事到临头一死难！

《清朝全史》和《清史稿·洪承畴传》记载有洪承畴的投降过程。

《清朝全史》的记载是："松山既破，擒洪文襄（即洪承畴），洪感明帝之遇，誓死不屈，日夜蓬头跣足，骂言不休。太宗乃命诸文臣劝勉之，洪一语不答。太宗乃亲至洪之馆，解貂裘而与之服，徐曰：'先生得无冷乎？'洪茫然，视太宗良久，叹曰：'真命世之主也！'因叩头请降。太宗大悦，即日赏赉无算，陈百戏作贺。"

《清史稿·洪承畴传》的记载则是："上欲收承畴为用，命范文程谕降。承畴方科跣谩骂，文程徐与语，泛及今古事，梁间尘偶落，著承畴衣，承畴拂去之。文程遽归，告上曰：'承畴必不死，惜其衣，况其身乎？'上自临视，解所御貂裘衣之，曰：'先生得无寒乎？'承畴瞠视久，叹曰：'真命世之主也！'乃叩头请降。"

从这两处史料可见，洪承畴降清是被一件貂裘轻易地收买了。

顺着这话题，再掰一件民间无良文人误导世人很深的事。说清廷定鼎北京后，洪承畴屁颠颠地衣锦还乡。洪母傅氏不愿相见，命人在大门外加制一扇矮门，拒逆子于家门之外。洪承畴被阻而不得入，问其母为何不开门，洪母说："你知道此门吗？此矮门叫作六篱门，凡卖国求荣者，母不以为子，妻不以为夫，子不以为父，六亲不认，众叛亲离！"洪承畴听罢狼狈而逃。

这则故事，是颂扬洪母、诚心恶心洪承畴的。

洪承畴家乡的福建南安人还煞有介事地称，洪母后来病逝，因为叛逆之子的缘故，无颜面见祖宗，便在自己脸上盖了一块黑纱。这一习俗流传下来，闽南不少地方老妇去世，至今仍要遮盖一块黑布。

本来，福建南安民间老房子有这样一个特点，即在大门外加制一扇矮门，叫六篱门，其功能主要是拒鸡犬于门外。但有了洪母拒子相认的故事，南安人认为这门是洪母专门为拒逆子而作，称"六离门"。

这则故事其实也是假的。

其最早出现于清人刘献庭的笔记《广阳杂记》，20世纪五六十年代，戏剧家林舒谦将之敷衍成闽剧小戏《洪母》，后来又编成京剧，剧名叫《洪母骂畴》。

《洪母骂畴》的演出非常成功，民间遂兴起了骂洪承畴之风，戏剧界便由《洪母骂畴》演化出诸如《庄妃劝降》《承畯贬兄》《素月孤舟》《六离门》等小说、戏剧和说唱等。

但这些戏剧、故事和传说全是假的，来看一段史料记载就可知分晓："顺治四年（公元1647年）二月二十日，承畴胞弟承畯偕其子士铭以及老家人陈应安，自泉赴江宁报父丧，承畴即派差官唐士杰福建接母。洪母于同年四月起程，七月初抵江宁。顺治五年四月承畴携母及胞弟、儿子等人，一道回京。洪妻李氏及儿媳林氏于顺治六年四月离家，五月到达杭州，而后转水路进京。"

即洪承畴的父亲洪启熙于顺治三年（公元1646年）九月在福建南安家里病逝，到了顺治四年二月二十日，洪承畴的胞弟洪承畯携带洪承畴的儿子洪士铭以及一个名叫陈应安的老家人从福安南安到南京洪承畴的任所报丧。洪承畴于是派差官唐士杰前往福建接母到南京居住。洪母即于同年四月起程，七月初，洪氏阖家老少欢聚于南京。顺治五年四月，洪承畴回北京述职，又携母及胞弟、儿子等人，一起回北京居住。洪承畴李氏及儿媳林氏（洪士铭之妻）于顺治六年四月离开福建南安，五月到达杭州，而后转水路进京。

也就是说，洪母没有骂过洪承畴，更没有与逆子决绝，而是全家老老少少欢天喜地地投奔洪承畴，和洪承畴到北京享福去了。

可以这样说，洪承畴的一生，除了松山兵败被囚那段短暂时光过得不开心外，其余都风光快乐，而且全家鸡犬升天，甚至他的农民曾祖父、祖父、父亲都沾了他的光，得追赠上一连串如"中宪大夫""太傅兼太子太师""武央殿大学士""兵部尚书兼都察院右副都御史"的官职。

洪承畴的儿子洪士铭中顺治乙未科殿试二甲三十名进士，授礼部主事，大理寺丞，太常寺正卿，官运亨通，福禄无边。

现在，洪承畴纪念园在福建南安隆重揭彩开园，高大的牌坊上镌刻一副金字对联："辅国堪称真学士，爱民即是大英雄。"而在洪承畴纪念馆洪承畴塑像旁，还有一副对联，上联为"论武略文韬名传汗简"，下联是"数丰功伟绩无愧英雄"。

良妃
被康熙称为"辛者库贱妇"？

康熙后宫女人数量庞大，具体有多少，因史料记载不全，现在已经无法查得清楚了。不过，在清朝后宫皇后、皇贵妃、贵妃、妃、嫔、贵人、常在、答应这八个等级中，排在前面的皇后、皇贵妃、贵妃、妃这几个等级还是比较容易查得清楚的。

康熙在有生之年一共册封过三位皇后：孝诚仁皇后赫舍里氏、孝昭仁皇后钮祜禄氏、孝懿仁皇后佟佳氏。另外一位皇后孝恭仁皇后乌雅氏，其实是个妃子，在康熙三十年（公元1691年）被册封为德妃。只不过，她的儿子雍正帝继位后，她被尊为皇太后，而在她死后，又被追谥为皇后而已。

康熙册封的贵妃，有三位：敬敏皇贵妃章佳氏、悫惠皇贵妃佟佳氏、温僖贵妃钮祜禄氏。另外，敦怡皇贵妃瓜尔佳氏，在侍奉康熙时为和妃，后来被雍正帝尊为皇考贵妃。

那么，康熙所册封的妃，其实有十位。包括前面提到的雍正生母德妃、被雍正帝尊为皇考贵妃的和妃。另外还有在康熙二十年（公元1681年）册封的惠妃纳喇氏、宜妃郭络罗氏、荣妃马佳氏；康熙五十七年册封的宣妃博尔锦吉特氏、成妃戴佳氏；以及不知是在哪一年被册封为良妃的卫氏。还有两个比较特殊的——慧妃博尔锦吉特氏和平妃赫舍里氏，这两人都是在死后一个月内被康熙追封为妃的。至于顺懿密妃王氏、纯裕勤妃陈氏、定妃万琉哈氏这几个，是后来雍正和乾隆追谥的。

弄清楚了以上这一大群康熙所宠爱的女人，真不知所谓的"五妃之一"的说法是从何说起。

良妃是否是"辛者库贱妇"呢？

查《八旗满洲氏族通谱》的记载，知良妃的曾祖瑚柱出身觉禅氏，在天聪年间投靠皇太极，担任御膳房总领，祖父都楞额任内管领，从兄噶哈禅任御前二等侍卫，其弟噶达浑任内务府总管。没有"辛者库"之语。

说良妃是"辛者库贱妇"，是《清圣祖实录》《雍正实录》二书。由于良妃的儿子八阿哥胤禩是雍正在夺嫡过程中最具威胁的政敌，而雍正和乾隆两父子都有干涉史官修史的恶迹，所以，《清圣祖实录》《雍正实录》二书出现此说，怀疑是他们父子刻意对良妃和胤禩的抹黑。要知道，"辛者库"是满语的音译，意指奴仆、戴罪立功之人。如果康熙骂自己心爱的女人是奴仆、贱妇，那不就在变相地骂自己是个色令智昏又饥不择食之徒吗？康熙向以圣君自许，断不会口出这等自污之语。

再结合雍正登位后，将八阿哥胤禩，九阿哥胤禟削宗籍，还极其恶搞地给他们改名为"阿其那""塞斯黑"等不堪入目的行为看，更能坐实这是雍正在借康熙之口来侮辱胤禛母子。

最后说一下，康熙对良妃宠爱到什么程度呢？康熙五十一年（公元1712年），良妃薨逝，康熙帝亲自主持祭祀典礼，并给良妃写了两篇祭文。

在康熙薨逝的女人之中，只有良妃独得两篇祭文，可见康熙对良妃还是很有感情的。因此"辛者库贱妇"的说法并不可信。

孝恭仁皇后乌雅氏
为什么雍正即位后，她死活也不想当皇太后？

雍正即位，作为雍正亲生母亲的乌雅氏并没流露出应有的欢欣和喜悦，反而表达出种种"不情愿"，让人疑窦丛生。

乌雅氏的"不情愿"表现在如下几方面：

一、《清世宗实录》中记，雍正登大宝的消息传入皇宫，乌雅氏很不屑，异常冷淡地说："钦命吾子继承大统，实非梦想所期。"《永宪录》记，乌雅氏还下懿旨称："我自幼入宫为妃，在先帝前毫无尽力之处。将我子为皇帝，不但我不敢望，梦中亦不思到。"

二、新皇帝在举行登基大典之前，按照规矩，得先给皇太后行礼，然后再升御太和殿，接受群臣的朝拜。《清世宗实录》记载有乌雅氏的推托之辞，她说："皇帝诞膺大位，理应受贺。至于我行礼，有何关系？况先帝丧服中，即衣朝服，受皇帝行礼，我心实为不安。着免行礼。"乌雅氏不肯配合，雍正的戏就没法唱下去了，只好亲自恳请，同时又示意众王公大臣从旁苦劝。乌雅氏推辞不掉，最后只能勉为其难地照办。

三、举办过登基典礼，新皇帝该给皇太后上徽号了。雍正给母亲上的徽号是"仁寿"。这"仁寿"二字的分量是很重的。乌雅氏却毫无兴趣，说："梓宫大事正在举行，凄切哀衷，何暇他及。但愿予子体先帝之心，永保令名。诸王大臣永体先帝之心，各抒忠悃，则兆民胥赖，海宇蒙休。予躬大有光荣，胜于受尊号远矣。"乌雅氏所说先帝梓宫未葬入山陵皇太后不应上徽号，完全是自说自话，清朝根本就没这规定，但她这么说，明显是不承认自己是皇太后，也即是不承认雍正是皇帝。

四、尽管乌雅氏想不要皇太后的徽号，但她的实际身份就是皇太后，那按规定，她就应该搬到慈宁宫或宁寿宫居住。乌雅氏却拒不肯搬，坚持住在当妃子时所住的东六宫之一的永和宫。

乌雅氏这一系列表现，让人遐想联翩——最容易想到的就是雍正"弑父篡位"，似乎也只有用这个惊人结论才能解释。雍正是否"弑父篡位"，这是一个争论多年的史学谜团，至今尚无定论。另外我觉得，在封建社会母凭子贵，不管雍正"弑父篡位"是否成立，和乌雅氏的这些表现关系并不是很大，所以原因应该在别处。

那么，另在别处的原因是什么呢？

让我们重新审视一下乌雅氏其人。雍正自称母后是出身于"本朝旧族，创世名家"。史书也说，乌雅氏生于顺治十七年（公元1660年），满洲正黄旗人，为护军参领、加封一等公威武女。但这份履历是假的，是雍正登位后造的假，其目的是遮掩自己母族低贱的出身。事实上，乌雅氏的祖父额参曾任膳房总管，为内务府包衣。包衣的满语本意为"家里的仆人"，指清代满洲贵族家中豢养的仆人。由此可见乌雅氏出自身份低微的奴隶之家。所以即使乌雅氏凭借美色俘获了康熙帝的宠爱，和康熙帝共生下了三男三女（夭折了一男二女，只有雍正帝胤禛、皇十四子胤禵和皇九女固伦温宪公主成人），成为康熙后宫女人中的生育冠军，但就因为出身微贱，在康熙十七年（公元1678年）生育胤禛之时，她并没有资格抚养这个儿子。

清宫有规定，只有嫔以上的后宫主位（包括嫔这个级别在内）才有资格抚养皇子。而康熙皇帝在康熙十六年（公元1677年）二月首次正式册封嫔妃，一口气封了八个主位（一个贵妃和七个嫔），也没乌雅氏什么事，可知乌雅氏在很长一段时间上不了台面。所以，雍正在出生满月后就被抱去给贵妃佟佳氏抚养了。

雍正长大后，虽然也有向生母请安或祝寿等固定的见面时间，但在宫中森严的制度下，母子之间话也没说得上多少句，则母子间并没多少亲情存在。雍正自己曾经亲口说："生恩不及养恩大。"在雍正的心中，养母佟佳氏才是自己的母亲，对生母乌雅氏，不过是一个熟悉的陌生人，仅此而已。

此外，雍正还经常以自己是皇贵妃的养子而扬扬自得。想想看，乌雅氏出身微贱，亲生儿子才出生就被掠夺给外人抚养，自尊心已深受刺激，心灵深处也植下了根深蒂固的自卑感，而雍正长大后的表现，更是在乌雅氏的伤口上撒盐。所以，乌雅氏对雍正非但没有太多母子感情，甚至还有些厌恶和憎恨。

而因为生雍正有功，乌雅氏先是在康熙十八年（公元1679年）被册封为德嫔；到了康熙二十年（公元1681年），乌雅氏又因生育六阿哥胤祚（六岁夭折）而被晋封为德妃。升格成了嫔和妃，乌雅氏才拥有了可以抚养自己儿子的资格。

这之后，乌雅氏生下了三儿子胤禵。大儿子被抱走；二儿子惨遭夭折。乌雅氏于是把储蓄多年一直没能施展出来的母爱，尽情地灌注给了三儿子胤禵。

乌雅氏说"将我子为皇帝，不但我不敢望，梦中亦不思到"，这话有一半是真，有一半是假。

乌雅氏自己出身低贱，本来就不敢有太多非分之想；而康熙又早早地册立嫡长子胤礽为皇太子——而这个皇太子一当就是二十多年，乌雅氏当然是"不但我不敢望，梦中亦不思到"了。

不过，康熙四十七年（公元1708年）及康熙五十一年（公元1712年），康熙两次废黜皇太子胤礽，并且在康熙五十一年（公元1712年），夺储呼声很高的皇八子胤禩也被康熙当众否决。所以，乌雅氏生下的两个儿子皇四子胤禛、皇十四子胤禵都成为争夺储位的热门人物。

毫无疑问，在乌雅氏的心中，是满怀期待皇十四子胤禵最终胜出的。而在相当长一段时间，乌雅氏包括当时的许多王公大臣，也全都看好皇十四子胤禵。

康熙五十七年（公元1718年），康熙任皇十四子胤禵为抚远大将军，授命西征。这是大清王朝第一次以皇子为大将军。出征当日，仪式极其隆重，规格和天子出征差不多，"用正黄旗之纛，照依王纛式样"，"出征之王、贝子、公等以下俱戎服，齐集太和殿前。其不出征之王、贝勒、贝子、公并二品以上大臣等俱蟒服，齐集午门外。"时人多有共识：康熙有意传位给皇十四子胤禵。所以，乌雅氏这个时候可不是"不但我不敢望，梦中亦不思到"了，而是睡梦里也梦到爱子胤禵西征得胜后被册封为皇太子。

但皇四子胤禛意外登基了，并且才一登基，就把从西北回来的胤禵的王爵革去，只保留了最初的贝子身份。梦想破灭，希望落空，乌雅氏怎么可能不气恼？可以说，不受礼、不接尊号、不移宫，都是乌雅氏怨恨雍正的表达。接下来乌雅氏的死亡，更能清楚地突出这一真相。

乌雅氏是怎么死的呢？

雍正元年（公元1723年）三月二十七日，雍正带领王公大臣，以及皇太后、后宫的妃嫔，亲送康熙的梓宫到遵化东陵。到了遵化东陵，为了除掉自己的政敌，雍正责令胤禵留在遵化守陵。守陵其实就是变相的软禁，胤禵的处境可谓凄惨。乌雅氏知道后心如刀绞，十天之后，气塞于胸，溘然辞世。

所以最后的答案就是：乌雅氏是真不想当雍正的皇太后，因为她原本是想当胤禵的皇太后的。

福康安之母
福康安到底是不是乾隆的儿子？

从好几个地方看，福康安极其可能是乾隆的私生子。

比如说，福康安自小是在宫中长大的——要知道在清朝，在宫中生长的只能是皇子，其他的一律免谈。即使皇孙也只能生长在藩王府里，没有批准都不许入宫觐见皇帝。想当年，康熙曾破例把未成年的乾隆带回紫禁城小住，这就成为乾隆吹牛吹一辈子的资本。而福康安不但在宫中长大，而且是在乾隆身边长大的，这是亲儿子才有的待遇啊。甚至《大清高宗纯皇帝实录》里，还记载有乾隆亲口说过的话："福康安由垂髫豢养。经朕多年训诲。至于成人。"

看到了吧？"经朕多年训诲"，乾隆培养好些亲儿子都没这么用心。

还有，福康安的大哥福灵安是多罗额驸，迎娶了宗室郡王之女为妻；二哥福隆安为和硕额驸，迎娶了乾隆皇帝的第四位皇女和硕和嘉公主为妻。如果福康安不是乾隆的儿子话，那么，按照乾隆对福康安的宠爱，他娶一个皇女来做额驸，那是铁板钉钉的事儿了。诸位可不要说乾隆没有女儿适合配给福康安。乾隆最宠爱的皇七女固伦和静公主，就比福康安小两岁，许配给福康安，刚刚好。但乾隆却装作没看见，甚至连亲王、郡王的格格都不赏一个给福安康。明摆着，福康安就是爱新觉罗氏的种。

另外，清代除了在入关之初册封吴三桂、尚可喜等"三藩"以示拉拢外，后来一直贯彻"异姓不可封王"政策，即只要不是爱新觉罗家族的子孙，无论立下何等功勋，都不能封王。但福康安却被追封为王爵——嘉勇郡王，乾隆甚至还考虑给予他世袭罔替的"铁帽子王"待遇。说起来，乾隆性格古板，一生遵奉祖制。对于福康安，他却"违例"，这么做就说明，福康安本质就是爱新觉罗的子孙。即封福康安为王爵，是不会被祖宗在天之灵责怪的，因为祖宗之灵在天，对这事儿拎得门儿清。

嘉庆上台后，手脚非常麻利地褫夺了乾隆给予福康安家族的各项殊宠，将福康安后人的爵位一降再降，最后发配新疆伊犁了事。这也说明了在嘉庆帝眼中，福康安一脉，就是见不得阳光的"野种"，应该把他扫得远远的去，眼不见为净。

"福康安是乾隆私生子"之说，也并不是后来才有。在乾隆朝，民间就已经悄悄流传开了。不过，乾隆不介意。但嘉庆很介意。

在嘉庆朝，有一首诗流传很广，里面有"龙种无端降下方"之语，嘉庆帝偶然读到，怒从心头起，恶向胆边生！

那首诗，后来被收入《清朝野史大观·清宫词》。《清史演义》也根据那首诗，演绎出一则乾隆与皇后之嫂傅恒夫人私通的故事。说的是，皇后过千秋节，傅恒夫人入宫祝寿把酒联诗，最后"两家并作一家春"。

现在有人否定"福康安是乾隆私生子"之说，主要是从挑这个故事的漏洞入手，比如说，孝贤皇后不是傅恒的妹妹，而是傅恒的姐姐；又或者说，孝贤纯皇后富察氏是在乾隆十三年（公元1748年）去世的，而福康安出生于乾隆十九年（公元1754年），时间对不上等。这些都是舍本逐末的做法。

故事是假的，只能代表乾隆与傅恒夫人勾搭上的经过不是故事里说的那个样子，并不能代表"福康安是乾隆私生子"之说不成立。

当然，您如果要问，既然"乾隆与傅恒夫人勾搭上的经过不是故事里说的那个样子"，那它应该是怎么个样子的？

对不起，史无记载，无可奉告。本来嘛，宫闱秘闻，讳莫如深。不过，最后还是补一句，持"福康安是乾隆私生子"否定论的人，他们解释乾隆为什么对福康安恩宠有加时，主要是说福康安能力超群，值得乾隆深爱。

是的，福康安一生征战南北，戎马倥偬，参加过第二次金川之战，先后率军平定甘肃回民田五起事、台湾林爽文事件、保卫西藏的廓尔喀之役、苗疆起事，基本是攻无不克，战无不胜，的确厉害。但不能解释福康安为何自小就被养在宫中，以及十三岁做三等侍卫，十六岁做一等侍卫等事。

有人说，是乾隆看福康安长得像他早逝的两个儿子，这个解释很勉强。

苏三娘
太平天国的美女将领下落成谜

提到太平天国早期的主要人物，世人大多知道杨秀清、冯云山、萧朝贵、韦昌辉、石达开，这五人和洪秀全一起，史称"首义六王"。其实还有一个人，作用不在萧朝贵、韦昌辉、石达开之下。这人就是广东揭阳人罗大纲！

罗大纲早年在广东入"三合会"，于道光二十九年（公元1849年）率饥民暴动，后事败窜入广西，加入"天地会"，率众攻略于浔、梧、永安、荔浦等地，与平南豪侠胡以晄相识，并在胡以晄的劝说下，加入了太平军。

洪秀全自金田起义后，对发展方向漫无目的，只是走一步算一步，打一枪换一个地方，在荒山莽林待不下去，一度想把队伍带往自己的老家广东花县。如果洪秀全这一想法实施，可以想象，这支新生的太平军将会溃散在向东转移的路上。

罗大纲加入太平军，有众千余人，属于"带资入股"，先前曾试攻过永安州（今广西蒙山县）。罗大纲知道永安州空虚，力主攻打永安州，并自告奋勇，率部先行。结果，在罗大纲的引领和奋战下，斩清军平乐协副将阿尔精阿和知州吴江，为太平军占领第一座州城。随后，太平军在永安封王建制。

休整期间，罗大纲率军两次出击梧州、藤县、平南、桂平等地，牵制清军。

改年，太平军全军从永安突围。罗大纲乘夜冒雨猛攻清军重兵防守的号称"铁打天下第一闸"的古苏冲，捣毁了清军的兵营、关卡二十多处，缴获了火药十多担和其他无数军用物资，为太平军永安突围战清理出了一道缺口。

其后，打兴安、全州，入湖南，打武昌，陷安庆，破南京，罗大纲无不一马当先，奋勇先登。

特别值得一提的是，太平军定都南京之后，洪秀全、杨秀清急吼吼地要发兵北伐，直捣北京。罗大纲侃侃而谈，说"欲图北，必先定河南；大驾驻河南，军乃渡河"；"否则，先定南九省，无内顾忧，然后三路出师，一出湘楚，一出汉中，疾趋咸阳，以徐、扬席卷山左（今山东省），再出山右（今山西省），会猎燕都"。他警告说："若悬军深入，犯险无后援，必败之道也。"此外，罗大纲还提出，既建都天京，就必须多造战船，精练水师，抢占长江水上优势。可惜的是，这些颇有战略性的正确建议未能为洪、杨所接受。一方面，洪、杨遣军北伐；另一方面，大兴土木，营建宫阙。

罗大纲仰天长叹："天下未定，乃欲安居此都，其能久乎？吾属无噍类矣！"

世间传闻，罗大纲之所以不被洪、杨纳入核心决策层，是因为他不肯加入"拜上帝教"，故被视为非同路人。则定都天京后不久，他便被派出攻打镇江，并驻守镇江。三年后，阵亡于镇江，其职位不过"冬官正丞相"一级，未追封王爵。

李秀成被俘后，曾国藩写条询问诸问题，曾国藩问："曾天养、罗大纲何以未追封王爵？"曾国藩的幕僚庞际云记录李秀成的答辞："其事甚乱，无可说处。"

从李秀成的答辞来看，似乎是肯定了曾、罗未追封王爵这一前提。但是，现存于台北故宫博物院文献部的幼天王洪天贵福的供词推翻了人们这一误解。幼天王在亲书诸王名单中，清清楚楚地记有："肺，罗大纲，死九江"，"腑，朱锡坤"。

即，洪秀全其实对太平天国早期许多悍将都有追封了王爵，如李开芳、林凤祥、吉文远、卢六的王号为靖王、求王、祝王、碬王；陈荣、陈志书、罗大纲、朱锡坤则为感、誌、肺、腑四字。而肺、腑二字本身的含义，也可窥探得出罗大纲在洪秀全心中的分量。

罗大纲虽然很早战死，但他却是太平天国一众大佬中最享受爱情的英雄人物。

罗大纲的妻子是太平天国的传奇女英雄苏三娘。苏三娘本姓冯，名玉娘，广东高州人氏，嫁给灵山县人苏三，人称苏三娘。苏三是天地会的成员，经营运输业，被同行杀害。苏三手下的搬运工和船夫劝苏三娘出面，带领他们为苏三报仇。苏三娘于是带着他们到天地会请求帮助，得到天地会帮助，顺利地杀了仇家，报了大仇。从此开始，苏三娘成了官府通缉的"女匪"。

苏三娘一不做，二不休，拉起队伍，驰骋于横县、钦州、灵山一带，与罗大纲相识，一起加入了太平军。

灵山人龙启瑞是道光年间状元，盛有文名，仇视太平天国，曾斥资组建团练与太平军对抗。他曾写有一首古风，题为《苏三娘行》，本意是讽刺某些当道官吏腐败无能，客观上却勾画和赞美了苏三娘的英雄气度，诗云：

城头鼓角声琅琅，牙卒林立旌旗张。

东家西家走且僵，路人争看苏三娘。

灵山女儿好身手，十载贼中称健妇。

猩红当众受官绯，缟素为夫断仇首。

两臂曾经百战余，一枪不落千人后。

名闻官府尽招邀，驰马呼曹意气豪；

五百健儿听驱遣，万千狐鼠纷藏逃。

归来洗刀忽漫骂，愧彼尸位高官高。

君不见苟松之女刘遐妻，救父夫援名与齐；

又不见谯国夫人平阳主，阃外军中开幕府。

汝今身世胡纷纷，尽日乃与豺虎群。

不然倘作秦州吹？婢，尚有哀怨留羌人。

征侧征贰交祉之女子，送与爨铄成奇勋。

汝今落拓乃如此，肝胆依人竟谁是。

草间捕捉何时休，功狗功人无一似。

记曾牙蘗起边营，专阃声名让老兵。

书生颜面已巾帼，况今此辈夸峥嵘。

汝今何怪笑折齿，疆事向少男儿撑。

道旁回车远相避，吾侪见汝颜应赧。

太平军入南京城后，苏三娘任女营副总管，协助杨云娇管理女营。

咸丰三年（公元1853年），苏三娘与罗大纲各率男女军攻打镇江。

清人王韬在《瓮牖杂谈·贼中悍酋记》记：在镇江，苏三娘与罗大纲结为夫妇。

民间传说，苏三娘后来为清军俘获，被处以骑木驴、凌迟等酷刑，但史不见载。猜测应该是和罗大纲一同在镇江保卫战中殉难了。

慈禧太后
三个御医诊断慈禧有喜，仅有一人存活下来？

这是一个好事者编排慈禧太后的故事，并非事实。

故事说，慈禧独守空房寂寞难耐，于是与人偷情导致了珠胎暗结。为了毁尸灭迹、掩人耳目，慈禧只好请医生来为自己打胎。前面两个医生智商低，一把慈禧的脉就连声道喜："恭喜太后，祝福太后，太后有喜，天下共喜。"慈禧大怒，立马把这两个医生砍了。第三位医生非常聪明会做人，不说"太后有喜"，而说"太后患上了'血蛊'病"，假戏真做以治病为名，帮慈禧顺利地打下了胎儿。慈禧欣赏他为人机灵，不但没有杀他，反而奖赏了很多财物。

就是这么一则故事，一听便知是假。

不说别的，单说那两个给慈禧道喜的医生，到底是编故事的人傻，还是真有两个这样傻的医生，他们给一个寡妇道喜，不说对象是掌握着天下人生杀大权的慈禧，就是普通老百姓，也不至于这样叫嚷啊！这不就是直接打人脸了吗？

再有即便是慈禧有喜了，也果真是有医生帮她堕胎了，但慈禧难道不会担心这个医生以后会向外界宣扬这一桩"丑事"吗？作为一个政治人物，她当然知道，只有"死人"才能百分之百保密，那么她真的会放过第三个医生吗？

因慈禧做事太狠毒，老百姓都往死里编排她。现在，世间流传的慈禧"情夫"不计其数。

"情夫"之一：恭亲王奕䜣。有人甚至说，慈禧在刚入宫做秀女时就和奕䜣好上了，甚至，同治皇帝并非咸丰的儿子，而是慈禧与奕䜣私通的私生子。

"情夫"之二：慈禧的"初恋情人"荣禄。人们说慈禧年少时被恶少强奸，得荣禄英雄救美，从此便一直保持暧昧关系。

"情夫"之三：僧格林沁之孙贝勒纳尔苏。说纳尔苏是个年仅二十多岁年轻人，其父伯彦讷谟祜时领侍卫内大臣，知道儿子与慈禧的私情后，为保家族性命，逼迫儿子吞金自尽了。

情夫之四、之五：太监安德海、李莲英。传闻说，安德海、李莲英都是假太监，以太监身份陪伴左右只为能满足慈禧的需要。

情夫之六：琉璃厂某一姓白的古董商。据说是李莲英当红娘，从中为慈禧牵线搭桥的。

情夫之七：北京金华饭馆一姓史的年轻伙计。传说仍是李莲英拉皮条拉进宫里来的。

……

最过分的是，20世纪50年代，还有一个名叫埃德蒙·巴恪思的英国驻清外交官写了一本《太后与我》的自传出版发行。巴恪思在书中说，他是个同性恋，而慈禧是他唯一的异性情人，他刚刚认识慈禧时自己二十九岁，而慈禧六十七岁。

不过在1967年，英国历史学家特雷弗罗珀就写了《隐藏的一生：埃蒙德·巴恪思爵士之谜》（后改名《北京隐士》）一书，指责巴恪思"有计划有步骤地伪造证据，欺世盗名"，犯下"一系列欺骗行为"，指他的自传体书《太后与我》"根本是伤风败俗的淫秽之作"。

慈禧生前作孽太多，遭到丑化和抹黑是必然的。

又由于慈禧在光绪六年（公元1880年）患过重病，延医问药了很长时间，曾搞得天下骚然，当时的大学士、直隶总督李鸿章和湖广总督李翰章、湖北巡抚彭祖贤等人先后保荐过山西阳曲县知县汪守正、常州孟和名医马培之、广东雷琼道兼调授督粮道薛福辰等人为她治病。人们就把慈禧怀孕打胎的故事跟这次患病联系起来，绘声绘色，说得有眼睛有鼻子。汪守正和马培之就是那两个口不择言，不会说话的傻医生；而薛福辰八面玲珑，以治"血蛊"症为名帮慈禧打了胎，得赏头品顶戴，调补直隶通永道，还得到了慈禧亲书"福"字和"职业修明"匾额以赐，同时赐紫蟒袍、玉钩带一副，又赐宴体元殿、长春宫听戏。

据说，慈禧怀孕打胎的事儿，就是薛福辰本人传出来的。但光绪六年，慈禧已经四十六岁了，这个年龄怀孕的可能性不大。而且查汪守正和马培之的生平，也不是被慈禧斩杀的。所以故事只是故事，并非事实。

为何给"杨乃武与小白菜"案鸣冤昭雪?

慈禧给"杨乃武与小白菜"案鸣冤昭雪,乃是极其高明的一项政治举措,其不动声色,毫无征兆地消祸患于无形,顺利为清廷续命数十年。

这么说吧,原本"杨乃武与小白菜案"就是一桩冤案。案情很简单:外号为"小白菜"的毕秀姑是浙江省余杭县余杭镇人,嫁给了卖豆腐的老大粗葛品连为妻。两口子租了举人杨乃武家的一间屋子开豆腐作坊。两下向来相安无事,但葛品连突然暴毙。余杭知县刘锡彤与杨乃武有积怨,就给杨乃武、小白菜、葛品连三人分别贴上了西门庆、潘金莲、武大的标签,将小白菜和杨乃武锁拿回县署审问,日夜用刑。小白菜和杨乃武抵不过,屈打成招。杨乃武的胞姐杨淑英和杨乃武妻詹彩凤不服,上京控告。

此案从同治十二年(公元1873年)一直折腾到光绪二年(公元1876年)十二月,整整三年,最终惊动了垂帘听政的慈禧太后。

非常奇怪,慈禧太后对这件普通刑事案非常上心,以"狮子搏兔"的精神要求刑部彻底根查。慈禧太后这一插手,该案顿时名声大噪,后来成为与名伶杨月楼冤案、太原奇案、张汶祥刺马案齐名的"晚清四大奇案"。

也因为慈禧太后这一插手,案情迅速告破:葛品连纯属暴病身亡,杨乃武和小白菜并无私情,也未合谋下毒。

杨乃武出狱后,万念俱灰,以养蚕种桑为生;小白菜则削发为尼,遁入了空门。

慈禧太后并未就此收手,而是问责,穷根究底式的问责,先革去刘锡彤余杭县知县职务，发往黑龙江赎罪。尔后，一撸到底，把杭州知府、宁波知府、嘉兴知县、候补知县、侍郎胡瑞澜、杨昌睿等大大小小三百多名官员或革职，或流刑。动作之大，打击范围之广，让人目瞪口呆。

慈禧为何要对一个普通的刑事案如此大动干戈呢？这都不是她惯常的处事风格啊！

原来，同治光绪年间，太平天国、捻军都已经平定，但在镇压太平天国过程中发展起来的湘军已呈尾大不掉之势。所以，怎么削弱和剪除湘系势力就成为她最为头痛的事儿。如果明目张胆地对湘军下手，势必会触发强大的反弹，而以清廷当时的处境看，很可能会玩火自焚。

杨乃武和小白菜案的出现，正好给了慈禧太后一个不动声色的下手机会。当时湘系势力分布在浙江最盛，从整顿浙江吏治做起，湘系势力无疑会元气大伤。最妙的是，杨乃武和小白菜的确有冤情，借此下手不但不会让人产生卸磨杀驴、过河拆桥的警觉，反而会赢得掌声收买民心，一举两得。

事情的最终处理结果也真收到了预期效果：三百多名官员被惩，湘系势力元气大伤，湘军领袖人物曾国藩见势不好，生怕朝廷对他动刀，奏表其忠，主动奏请裁军归乡，以证清白。

可以这样说，慈禧太后借处理杨乃武和小白菜案以打击湘系势力，一不显山二不露水，消祸患于无形，为清廷续命数十年，实在是高明至极。

皇妃惨遭褫衣廷杖，连死的理由都那么离奇

自古以来，宫闱生活讳莫如深，外界也因之产生强烈的好奇心，总想一探其究竟，到头来你一言我一语，事件越传越邪乎，越传越失真，最终离本源真相差了十万八千里。

清朝皇帝中，最让人同情和爱怜的是光绪帝载湉。论理，光绪是无缘帝位的。慈禧唯一的儿子同治帝载淳钟爱皇后阿鲁特氏，慈禧却要同治帝离开皇后而多接近自己喜欢的慧妃，最终母子反目。

同治帝既得不到皇后，也决意远离慧妃，由王庆祺诲奸导淫，与载澄爬墙出宫到八大胡同寻花问柳，不幸染性病暴毙。同治帝无子嗣继承皇位，按常规嗣皇帝应从载淳下一辈近支宗室中择立。但慈禧太后选择了自己妹妹的儿子，同时也是载淳的叔伯兄弟醇亲王奕譞之子载湉。

载湉心地善良，又有志于富国强民，是个做好皇帝的料子。但这就得不到慈禧的喜欢了。慈禧有着强烈的权力支配欲，要求全天下人都要对她俯首帖耳。载湉要做有为皇帝，又跟维新派走得近，理所当然地招致了慈禧的不满。

为了敲打和震慑光绪帝，慈禧除了当面训斥光绪，还常常拿光绪身边的人来开刀，杀鸡儆猴。这过程中，珍妃就充当了一个极其可怜、极其悲惨的替罪羊角色。

珍妃，他他拉氏，满洲镶红旗人，原任户部右侍郎长叙之女，于光绪十五年（公元1889年）与姐姐（瑾妃）一起入选宫中被封为珍嫔，后于慈禧太后六旬万寿加恩得晋珍妃。

现在，数不清的小说、演义、传闻、影视作品，都绘声绘色地讲述光绪

与珍妃是如何的相爱，把他们之间的故事铺陈成惊天地、泣鬼神的轰轰烈烈的爱情传奇。其实，光绪的感情生活是非常贫瘠的。按照人们的想象，皇帝有三宫六院七十二嫔妃外，还有后宫佳丽三千，每天花团锦簇，艳福乐无边。实际上，光绪只有可怜的一后二妃：隆裕皇后和瑾、珍二妃。

隆裕皇后是慈禧弟弟副都统桂祥的女儿，生得奇丑无比还比光绪大了三岁；瑾妃也没好看到哪儿去，肥胖且矮。珍妃也没像许多书写的"赋性聪颖、姿容婉丽"，和姐姐瑾妃一样肉嘟嘟的，不过眉眼五官还算周正。

面对这样的三个女人，光绪自然愿意和珍妃过夜而不愿意和另外两个多作接触。

这么一来，隆裕皇后就不干了。

皇后可是后宫之主，眼巴巴看着皇帝夜夜专宠于珍妃，而自己只有独守空房的份，醋意大起、妒意横生，利用自己统摄六宫的地位与慈禧侄女的身份，"频频短之于慈禧"，向姑母慈禧述说珍妃的种种不轨行为。

珍妃本身也的确有许多缺点。其中最大的缺点就是身体有难言之隐：癫痫。当然，身患疾病那是命运的安排，罪不在珍妃本身。但珍妃许多行为确实是不合礼制、超越法度，大失身份的。

小德张过继孙子张仲忱根据回忆其祖父的口述所辑《我的祖父小德张》记，光绪成年大婚时，老祖宗做主把她娘家的内侄女隆裕立为皇后，这正是光绪内心最不满的大事，婚后对隆裕皇后就非常冷淡，对珍妃极为宠爱。珍妃聪明伶俐有才学，也会哄人，很讨光绪的喜欢，老祖宗看见后特别生气。光绪经常临幸珍妃宫，隆裕皇后就气肚子，向老祖宗诉苦，说珍妃不好。除正宫隆裕皇后及珍妃外，还有瑾妃。珍妃与瑾妃是亲姐妹，以珍妃长得漂亮又有学问，最得光绪宠爱，俩人每日形影不离。光绪曾用库存的珍珠、翡翠为珍妃串制珍珠旗袍一件，在阳光下，光彩夺目。有一天二人在御花园散步，正玩赏得高兴时，被老祖宗撞见，珍妃来不及换衣服了，老祖宗大怒道："好哇！连我都没舍得用这么多珍珠串珠袍，你一个妃子竟敢这样做。想当皇后怎么着？谁封的？皇帝也太宠你了！"光绪和珍妃马上跪在地上叩头请罪。老祖宗立即叫随身的崔玉贵二总管给扒下来。回宫后还打了珍妃三十竹竿子。此事，德龄的《瀛台泣血记》中也有记载。

另外，珍妃对新从国外传进来的照相术情有独钟，不仅在自己的寝宫景仁宫，而且在皇帝的养心殿以及她能去的地方，"不拘姿势，任意装束"地摆拍。

按说女孩子爱摆拍也不是什么不得了的事儿，但珍妃生财有道，竟安排一个姓戴的太监在东华门外开设照相馆，大损皇家声誉。

珍妃为人爱显摆，花钱大手大脚，对下人打赏非常豪爽。她分内的妃嫔份例常常严重超支，而照相馆的收入又只是杯水车薪，于是珍妃最终选择了卖官鬻爵以弥补自己金钱上的亏空。她为一个叫耿九的人谋取了广东海关道的肥缺，为鲁伯阳谋取了上海道的肥缺等。

隆裕皇后把事情向慈禧一捅，慈禧勃然大怒。改日，光绪来给慈禧请安，慈禧罚光绪在地上跪了两个多小时，疾言厉色地说："瑾妃、珍妃的事儿，你不管，我来管。不能让她们破坏家法，干预朝政。"

根据清宫档案记载，证实珍妃在光绪二十年（公元1893年）十月二十八日这天遭到了"褫衣廷杖"。褫衣廷杖是古代的一种刑法，即脱掉犯人的衣服，用一个一头扁一头圆的棍子，在大厅之下责打，主要针对男人。慈禧用它来对付女人而且是皇妃，实是史所未闻。

光绪的老师翁同龢曾为珍妃求情，建议缓办，但遭到拒绝。结果不仅珍妃受到惩处，瑾妃也受到妹妹的牵连。

被牵连的不止瑾妃一人。

珍妃的侄子唐海沂在《我的两位姑母——珍妃、瑾妃》中记载说，文廷式、志锐奏过李鸿章一本，因此李鸿章授意其心腹御史杨崇伊，反奏"文廷式企图支持珍妃夺嫡，取代隆裕皇后；反对慈禧听政，支持光绪皇帝自主朝纲"。这样，慈禧恨透了文廷式、志锐和珍妃。她本来就想废掉珍妃，正无碴儿可找，借此机会正可解心头之恨。就下旨以"交通宫闱，扰乱朝纲"的罪名，将文廷式革职，赶出毓庆宫，永不录用；志锐从礼部侍郎被贬职，出任乌里雅苏台（清代统领漠北蒙古诸部的军政机构）参赞大臣。珍妃之事也把姐姐瑾妃牵连进去，姐妹双双受了廷杖，二妃从贵妃降为贵人。

珍妃挨打后，太医张仲元关于珍妃脉案记载为："抽搐气闭，牙关紧闭。""人事不省，周身筋脉颤动。""恶寒发烧，周身筋脉疼痛。"

十一月初二日，慈禧再降懿旨，将珍妃手下的太监高万枝处死。事情还没有完，先后受到株连的珍妃手下的太监还有永禄、宣五、王长泰、聂德平等数十人，有的被发配充军，有的被秘密处死，有的被立毙杖下。

1900年，八国联军兵临北京城下。

根据张仲忱的《我的祖父小德张》、清末宫女何荣儿的回忆录《宫女谈往录》和亲眼看见慈禧指使崔玉贵杀害珍妃的太监唐冠卿在《故宫周刊》等记载里的回忆，慈禧准备携带光绪等一行人出走西安，却以"珍妃年轻貌美，必遭洋人侮辱，愧对列祖列宗"为借口，说强带走珍妃不便，留下又恐其年轻惹出是非，命太监将宫里的井盖打开，要珍妃自尽。珍妃当然舍不得死，据理强争。慈禧不由分说，令太监崔玉贵将珍妃推入了井中。

这样一个鲜活如花的女子就此匆匆告别了人世，时年二十五岁。

慈禧在弥留之际，留下三个遗愿？

所谓"慈禧在弥留之际留下三个遗愿"的说法，来自英国人濮兰德和白克好司所著述的《慈禧外纪》。但是，《慈禧外纪》是一部有争议的书！

《慈禧外纪》中说：光绪崩逝（1908年11月9日）后，慈禧太后先是降懿旨授时年二十五岁的醇亲王载沣以摄政王监国，宣布立载沣年仅三岁的儿子溥仪为嗣皇帝，入承大统。而等到大限已至咽气在即，她又特别交代：严禁妇人干政，杜绝太监擅权。

人们因此根据《慈禧外纪》的记载总结出了慈禧在弥留之际留下的三个遗愿：

一、立三岁黄口小儿溥仪继承大统。

二、严禁妇人干政。

三、杜绝太监擅权。

之所以唾骂这三个遗愿，道理很简单：慈禧本人有强烈的权力欲，前面已经先后立过同治、光绪两个小皇帝了，并且在这两个小皇帝成年后不甘还政，变相迫死了同治帝，直接毒死光绪帝，其心可诛。而在大清王朝已经风雨飘摇的末年，又立一个三岁黄口小儿为帝，再三营造"国危主少"的乱象，不知意欲何为。另外，慈禧自己是一个没受过什么文化教育的妇人，干政半个世纪，并且重用安德海、李莲英、小德张等一批太监，她要严禁妇人干政、杜绝太监擅权，那不是自己打自己的脸？但前面说了，《慈禧外纪》其实是一部有争议的书。《慈禧外纪》又称《太后治下的中国》，是英国人濮兰德和白克好司的"杰作"。

白克好司出生在英国兰开斯特的一个教友派信徒家庭里，从小就患上了精神抑郁症，人格扭曲。不过，他是个文学和语言方面的天才。1899年初，二十五岁的白克好司担任了《泰晤士报》驻北京记者乔治·欧内斯特·莫理循的翻译。莫理循不懂汉语，此前依赖李鸿章的美国秘书毕德格来为他译述一些中国的官方消息，在新闻界有一定影响力。可惜的是，1898年"百日维新"失败、"六君子"被捕等事件发生时，莫理循不在北京，他对戊戌变法事件的起因始末一无所知，只好靠白克好司凭空虚构的一大堆谎言维持其来自中国的报道。

　　白克好司撒谎撒成精，他在尝到撒谎收到的甜头后，结识了身为《泰晤士报》派驻上海的记者濮兰德。濮兰德还兼任着上海国际租界市政委员会的秘书，因其汉语非常流利，他和白克好司一见如故。

　　1900年，义和团运动爆发，任性的慈禧对各国发布宣战诏书。这样，中国的"庚子事变"成为当时世界热议事件。濮兰德强烈地感觉，如果写一本慈禧传记，必定会成为畅销书。当他把这个想法说给了白克好司，两人一拍即合，随即合谋编写《慈禧外纪》。

　　他们靠着想象和臆造，写出了无数离奇曲折的宫闱情节，书出版后，果然一炮而红。现在经过许多学者专家的考证已经证实，《慈禧外纪》是一部有争议的书，只能读来消遣而已。

　　可惜的是，一些不明真相的读者还拿它来当正史说事。

调戏慈禧被凌迟处死的康小八是什么来头？

康小八原本姓吴，天津卫人，是家里的第八个孩子，因为穷被过继给了北京东皇庄（现北京市朝阳区孙河乡）康营姓康的一户人家为子，从此改姓康，小名就叫康小八。

康小八自小生性恶劣，一天到晚和一群青皮无赖厮混，喜欢打架斗殴逞凶斗狠。

记得很久以前看过一本医学上的书，里面讲到有一种很罕见的医学现象，即有一类人是先天缺乏痛觉神经的。曾经，我很羡慕这类人。小时候很恐惧打预防针或抽血化验什么的，一看到明晃晃、亮闪闪的银针，就一阵阵发怵。如果身上没有痛觉神经，就不会害怕疼痛了，那即便是做关羽那种刮骨疗毒的大英雄，也不是什么难事了。

不过，后来有人提醒说，身上没有痛觉神经，其实是挺悲催的，因为当身体遭到外力创伤，因为其他触觉神经没有痛觉神经灵敏，那么应急避险就会迟钝，往往是某个部位已经大面积创伤甚至从身体分离才反应过来，已经迟了。

话说回来。研究康小八的事迹，我常常怀疑，此人就属于先天缺乏痛觉神经那一类人。

那时天津卫和北京的地痞逞强争霸，较量的不是武功和力气，而是那股天不怕地不怕的狠劲。这种狠劲康小八有。

比如说，康小八和人争执，他动起刀来，最先不是捅别人，而是捅自己，先往自己的胳膊捅上一刀，鲜血汩汩往外冒，他没有痛的表情，从伤口拔出刀子，还用嘴舔上面的血，这气势对手一看，就吓尿了。所以康小八十二三岁的时候，就在地痞群里狠出了名声。

有客商专门来往于孙河和北京之间做生意，觉得康小八能震慑得住盗贼，就请他帮自己赶驴运货兼做保镖。果然，道上遇上了索要买路钱的毛贼，康小八马上亮刀子跟人家玩命，人家都怕了他。客商对康小八越来越信任，自己有一把从日本购买的左轮手枪，还有三百颗子弹，就连枪带子弹交给了康小八保管。康小八有了枪，越加无法无天了。他不仅用枪爆了客商的头，劫了客商的财，还跑到通州八里桥一带称王称霸。

通州八里桥过去是天津卫到北京的咽喉要道，鱼龙混杂，匪类啸聚，康小八在那里拦路抢劫和绑票勒索，也奸污妇女。

有一次，康小八枪杀了一个贝勒爷，被朝廷发海捕文书捉拿，风头很紧。没办法，康小八只好窜到太师屯和滦平巴克什营一带避风头。等风头避过了，道上新人压旧人，康小八的名声也已经过气了。

斗狠惯了的康小八不服老，咽不下这口气，要玩一把大的，效仿《说唐》里的程咬金劫皇纲，重振声威。康小八眼里的"皇纲"就是地方给朝廷交的税银，主要是从南方通过水路运来的多，也叫漕运。他单枪匹马，来到通州码头"劫皇纲"。

实际上，康小八的本意也不是想得到朝廷这些税银，其主要是冲出去放两枪，报自己的名号，让天下人知道自己的存在。但这么一来，他也相当于给自己判死刑了。

北京城有一大批武林高手，其中太极、八卦和形意拳三大门派高手最多。山西形意拳宗师李存义和半步崩拳打天下郭云深的弟子尚云祥，当时是总管大太监李莲英的私人保镖、看家护院。巡捕请尚云祥出马。尚云祥后来和同门师弟马玉堂在东皇庄轻而易举地擒获了康小八。

牢里的牢子都敬重康小八是个不怕死的汉子，也就好好待他，只等着秋后处决。

恰巧，前门外八大胡同里有三个极懂包装营销之道的青楼女子，就想利用康小八的名声来炒作自己，主动花钱入天牢伺候康小八。可真别说她们成功了，获得了"风尘三侠"的艳名，行情大涨，生意奇佳。

一来二去，康小八的奇闻逸事传到隆裕皇后的耳朵里。隆裕皇后日子过得沉闷无聊，听了康小八的故事就跟慈禧说了康小八是个英雄人物。慈禧好奇心大起，传令御审康小八。

康小八自知难免一死，就索性想把事情搞得更大，好早日上刑场，再在刑场上要要威风，让道儿上的弟兄和满城的百姓看看自己的狂劲。

所以康小八在慈禧御审当日，就对着慈禧奸笑，自称是天津卫的好汉，生性就爱劫"皇纲"和奸皇妃！

康小八的狂态气得慈禧浑身发抖，下令给康小八加刑，凌迟处死！

老舍在他的短篇小说《八太爷》里这样写康小八的凌迟时的表现：到了菜市口，八太爷自己跳上凌迟柱子下倒放着的筐子，面不改色。不准用针点心，不准削下头皮遮住眼睛，人家八太爷睁眼看着自己的胸脯肉、自己的胳臂被刽子手割下，而含笑高声问："八太爷变了颜色没有？"成千成万的人一齐喝彩："好嘛！"

看康小八的事迹，真觉得他是个没有痛觉神经的人，也是个没心没肺、凶残暴烈的亡命徒，活该受此大刑。

慈禧死后身上发生了六件怪事?

根据各种各样的野史、逸闻、流言、传说汇总，慈禧死后，发生在她身上有六件怪事。下面我来捋一下。

第一件怪事：慈禧出殡的当日天气古怪，先是雾锁京城，然后是乌云密布。护送慈禧出殡的队伍用了五天时间，走了二百八十里路，快走到东陵时，突然妖风大作电闪雷鸣，雨却始终没有下。

第二件怪事：护送慈禧出殡的队伍中，原本抬了很多按1：1比例做的纸将纸兵、纸轿纸马，但在乌云笼罩、妖风大起之时，有人亲见纸兵纸将"活"了，一个个脸上露出诡异的笑容。于是有人说，这是"阴兵借路"。

第三件怪事：一路上，慈禧的棺椁不断渗出红色的鲜血！由于慈禧是在死后一年才出殡的，已经死了一年的死人怎么会有鲜血从棺材里渗出来？所以人们恐惧莫名。

第四件怪事：二十年后，大军阀孙殿英打开了慈禧的陵墓，席卷里面的珠宝玉器。后来又开棺扒剥慈禧尸身的衣物宝贝，发现慈禧面目如生，有人色心大起，竟想亵尸泄欲。

第五件怪事：孙殿英撕开了慈禧的嘴巴，将含在里面的夜明珠拿走，慈禧的尸体立刻腐烂，吓得准备亵尸泄欲士兵们大呼"诈尸"。

第六件怪事：孙殿英扬长而去后，清朝遗民前去清理现场时，发现慈禧的尸体长满了白毛。

对于这六件怪事，人们越传越邪乎，越传越令人毛骨悚然。

但仔细理一下就不难发现，这六件事如果不是无中生有的传说，其实是可以找得到科学解释的。

第一件关于天气异常，这没有什么好说的，慈禧出殡时遇上了这样的天气，只能说是巧合。

第二件所谓"阴兵借路"，纯属目击者心理作怪，因为云罩雾锁视野不佳，看到这一大片纸扎的人马，受某种阴间传说的心理暗示，就认为它们"活了""笑了"，于是以讹传讹，说成了"阴兵借路"。

第三件慈禧的棺椁渗出的鲜血，来自棺椁里面的老鼠。由于工作人员要把慈禧太后尸体保管一整年后再出殡，就不得不持续地往尸体上铺陈香料，一来防止尸体腐烂；二来掩盖尸臭。结果这些香料引来了大批老鼠。出殡这天，老鼠没来得及逃跑，棺材盖盖上后，再也无法脱逃，即在棺材从北京皇宫运往菩陀峪定东陵的路途上，吃了有毒的香料七窍流血，血从棺材板的缝隙间流了出来。

第四件，时经二十年，慈禧尸身面目如生一说存疑，最大的疑点就在士兵要亵尸泄欲的说法。试想想，就算是在慈禧咽气之前，她也已经是七十四岁的老妪了，相貌阴鸷凶恶，面对着这样一张脸，谁能起得了色心？何况又是她死后过了二十年的尸身呢！好吧，就算这尸身是真的不腐，那也是得益于墓穴封得很严实，棺椁密封得完好以及堆积在尸体的各种香料、防腐剂等的保护。

第五件，慈禧的尸体突然腐烂，应该和墓穴和棺椁被打开，迅速发生氧化反应有关。

第六件，慈禧尸体暴露在外面长达四十多天，地面又那样潮湿，即慈禧尸身上的香料落到地面，即会在这合适的温度、湿度中发酵长毛，包围住了慈禧的尸身。

只能说，见怪不怪，其怪自败。

自称慈禧外甥的老农披露慈禧悲惨童年生活

　　慈禧太后是中国近代史上的风云人物。不过在过去，社会上对慈禧的评价普遍不高。的确，只要看看慈禧穷奢极侈、挥霍无度的生活，再看看在她授意下签订的那些丧权辱国的条约，也无怪乎有人指责她，说她是在努力地搞垮大清王朝。但也有人认为慈禧是铁娘子式的能人，是她在一力支撑着摇摇欲坠的时局，才使大清王朝苟且残喘地存活了好些年。

　　说起来，这个人这样赞美和推崇慈禧并不足为怪，原因是据他自己介绍，他是慈禧的内侄曾孙。这个自称为慈禧内侄曾孙的人叫叶赫那拉·根正——他身份证上的名字叫那根正。他写了一本书，书名叫《我所知道的慈禧太后：慈禧曾孙口述实录》，书的封面上所印的作者名字为：叶赫那拉·根正。

　　那根正出生于1951年，现在已年近古稀了。那根正老先生为什么要写这样一部书？他解释："我们叶赫那拉家族竟能出现这样一位赫赫有名的女政治家，我感到非常骄傲自豪。想想看，在那个崇尚男尊女卑的封建时代，咸丰去世后，同治尚年幼，她充满自信，勇敢地站出来，凌驾于男子之上，挑起了执掌国家大权的重担。我们作为老人家的后代，认为她是中国历史上出生在清代末叶的一位女政治家。"

　　老先生口口声声地称慈禧是"我们叶赫那拉家族"的，并煞有介事地说慈禧出生于北京西四牌楼劈柴胡同，即今辟才胡同。

　　然而，早在20世纪80年代末，山西省长治市郊区（原属长治县）上秦村里一个名叫赵发旺的老人曾指出，慈禧其实是出生于山西长治县。

　　赵发旺老人说，慈禧是长治县西坡村的一个贫苦人家的女儿，四岁时被卖到上秦村自己的老姥爷宋四元家，按辈分算，他管慈禧叫姥姨，他算是慈禧的五辈外甥。

说这些的时候是1989年6月，当时已经七十七岁的赵大爷带着他和上秦村宋双花、宋六则、宋德文、宋德武等人的联名信，找到长治市地方志办公室，专门就慈禧身世一事做证。

那天，接待赵大爷的是志办专职副主任刘奇。

赵大爷年纪大，说话却很利索，也很有条理，他说慈禧是1835年人，不是什么满人，是土生土长的汉人，家在山西长治县西坡村，家境贫寒，最初的名字叫"王小谦"。四岁那年，家里实在揭不开锅，就被卖到了上秦村，改名"宋龄娥"。到了十二岁，宋家破败，她又被卖给潞安府知府惠征为婢，改名"玉兰"。咸丰二年（公元1852年），以叶赫那拉惠征之女的身份应选入宫，后来成了西太后。

刘奇是河南偃师人，到长治担任市志办专职副主任，负责挖掘传承厚重的地方历史文化。对于慈禧的历史，他也一直奇怪，在长达百年的时间里，海内外关于慈禧的著述和影视作品林林总总数百种，但基本没有谈及其出生地及童年经历的，系统介绍其从出生到入宫这段经历的更是空白，《清史稿》对于慈禧的家世，也不过是含糊其词的一两句，只说她是叶赫那拉氏惠征之女，属镶蓝旗。玉牒也只记"叶赫那拉氏惠征之女"，仅此而已。听了赵大爷的话，一下子警觉起来，直觉告诉他，赵大爷说的可能是历史的真相。

赵大爷的故事讲完了，看见刘奇还在呆呆地出神，就继续絮絮叨叨地说——似乎是要说给刘奇听，也似乎只是喃喃自语："慈禧是个卖国贼，谁稀罕做她的外甥呢？我这么说，并不是为了沾光，为了攀龙附凤，而是要还历史一个真实。"

刘奇从赵大爷的唠叨里惊醒，当日就动身跟随赵大爷到上秦村考察。

也从这一天起，刘奇开启了他漫长的"慈禧童年研究"之路，这一研究就是二十六年。

长治县西坡和上秦两村，不论男女老少，村民见了刘奇，都斩钉截铁地说："慈禧太后是本村人。"还有人指证说，慈禧征用过七里坡村韩印则的二老奶奶当过奶妈；用小常村陈臭狗的爷爷陈四孩当御厨；用史家庄原玉喜的父亲原殿鳌当过侍卫等。为了证明慈禧是本地人，两个村共有一百五十多人还写了书面证明材料。

而通过查找西坡村王家家谱、上秦村的宋家家谱，还可以查到王培英是慈禧的五辈侄孙；上秦村的宋双花是慈禧五辈侄孙女，宋六则、宋德文、宋德武都为慈禧五辈侄孙。西坡村王家家谱还记有慈禧的乳名及"王小谦后来成为慈禧太后"等文字。

当然，最让人啧啧称奇的是，上秦村宋家还保存有清光绪、宣统年间清朝廷特制的两个皮夹式清朝帝后宗祀谱，以及慈禧捎给家人的照片及书信残片等物。

宋六则指着这些东西，告诉刘奇，说这是慈禧寄给其堂兄宋禧馀的单身照片和信件残片，家里当宝贝保留了下来。

2006年，刘奇将自己的研究成果披露出来，很快就得到了众多清史专家的权威认可。

中国史学会副会长、中央党史研究室副主任张启华称，慈禧是长治人的说法十分可信。

国家清史编委会专家、原中国史学会秘书长、中国人民大学历史系教授王汝丰称，"慈禧是长治人"的历史定位是可以成立的。

国家清史编撰委员会专家杨益茂称，这是慈禧人物研究领域一个重要的阶段性成果。

2010年2月，叶赫那拉·惠征的五代孙叶赫那拉·国宏先生到长治市府后西街铺石路重游当年潞安知府惠征夫妇居住的潞安府署后院，看到这儿已经成为专门陈列慈禧童年生活的地方，挂牌"慈禧太后书房院"后感慨万分，对刘奇坦承："我是叶赫那拉·惠征的五代孙。慈禧太后是长治人，惠征是慈禧的养父。"末了，还拉着刘奇的手说"咱们满汉是一家"。

隆裕太后
晚年郁郁而终，为何赢得国人的同情与尊重？

隆裕太后是个表面幸运、实际上却极其悲惨的人。说她幸运，是的确幸运——能成功当选为皇后和皇太后。说她不幸，她这个皇后是个不受皇帝喜欢的皇后；她这个皇太后，是个亡国的皇太后。

她的幸运，源自她是慈禧太后弟弟桂祥的女儿，慈禧太后为了控制光绪皇帝，指定她为光绪帝的皇后，把她当成自己的线人安置到了光绪帝的身边。

她的不幸，一方面是大清的国势已山河日下，另一方面，是她的长相太丑。

光绪帝本来就对她的"监督员"身份非常厌恶，如果她相貌美丽一点，感情是可以培养的，日久生情的话，要想拥有普通人家那样的夫妻之乐是完全可以的。但因为长相欠奉，光绪帝早早就恶而远之。所以，隆裕太后守了一辈子"活寡"，到死都是处子之身，真是悲催。

隆裕太后有多丑呢？美国传教士赫德兰在《一个美国人眼中的晚清宫廷》里说她"一点都不好看""驼背""瘦骨嶙峋""脸长""肤色灰黄""多蛀牙"。但隆裕太后的性情很好，是观世音式的菩萨心肠，赫德兰说她"十分和善，毫无傲慢之举"。长相太丑，最主要的那个男人已经在内心对她判了"死刑"，她的性情再好，又有什么用呢？

性情和善的隆裕太后没有什么特长，如果是在太平盛世，可能她就会默默无闻地度过一生。但1908年，光绪帝和慈禧太后先后离世，慈禧太后临终前指定醇亲王载沣之子溥仪入继大统，指定光绪帝的皇后隆裕为皇太后，因此历史的重担，就沉甸甸地压到了这位皇太后瘦弱的肩头上。

风雨飘摇，大清王朝已行将就木，什么也不懂的隆裕太后只好把国事一股脑儿地交托给袁世凯。袁世凯却和革命党达成协议——只要清帝退位，他就是民国大总统。于是，袁世凯屁颠屁颠地逼迫宣统皇帝退位。隆裕太后和宣统寡妇小儿，能做什么？其他清朝权贵又纷纷甩锅，谁不敢接烫手的山芋。那么，隆裕太后只好黯然背锅，以太后名义颁布《退位诏书》，宣布大清王朝退出历史舞台。这样，清帝和平逊位，政权和平过渡。

你可以说隆裕太后很伟大，也可以说她很无能。

从历史发展趋势来说，她是伟大的。孙中山因此称赞她是"女中尧舜"。

但从清朝遗老遗少的角度来说，她是无能的，她甚至是清王朝的"千古罪人"。这"千古罪人"的魔咒占据在隆裕太后的心头，挥之不去，她自感罪孽深重，痛不欲生，在悔恨和自责的双重夹击下，终于一病不起，溘然辞世。

实际上，称赞隆裕太后是"女中尧舜"的，不仅仅是孙中山，黄兴也称她"远追尧舜揖让之盛心，遂使全国早日统一"，黎元洪评价她"德至功高"，阎锡山说她"盛德隆恩，道高千古"，吴景濂说她"以尧舜禅让之心，赞周召共和之美"……

如此身获好评如潮的隆裕太后归天了，民国政府怎么好意思不表示表示？所以在总统袁世凯的主持下，全国下半旗志哀三天，文武百官守孝二十七天；参议院下半旗，并且休会一天。

隆裕太后应该获得这样的同情与尊重。

杨翠喜
和高层多人有染，下场凄惨

李叔同年轻时是出了名的风流才子。可是，李叔同的情路结局却出人意料之外：他终身不娶，后来遁入空门，号弘一法师。其中原因，与一个妓女有关。

这个妓女为直隶北通州人，本姓陈，小名二妞儿，幼年家贫被卖给杨姓乐户，取名杨翠喜，从师习艺，度妖冶之曲，演淫荡之戏。十六岁到哈尔滨卖笑，颇得帝俄军官眷顾。

大约是光绪三十年（公元1904年）前后，杨翠喜辗转到了天津，在天津"天仙园"演出，亦伶亦妓。李叔同就是在这段时光迷恋上杨翠喜的。

李叔同每天晚上都到"天仙园"给杨翠喜捧场，散戏后便做杨翠喜的护花使者，提着灯笼护送杨翠喜回家。

在李叔同的心中，杨翠喜就是一个活在人间的天仙。他为杨翠喜写了不少情诗，其中有"愿化穿花蝶""言愁不耐羞"等句。

光绪三十二年（公元1906年），清廷预备改东北为行省制，消息传出，官场人士无不摩拳擦掌，希望能到东北任地方大员。负责到关外考察的是庆亲王奕劻的儿子、农工商部尚书载振。

载振要从天津出海，袁世凯手下的得力干将、以道员的身份兼任天津南段巡警总局总办的段芝贵便抓住机会，大献殷勤。段芝贵向天津商会王益孙处借来了十万金，献给庆亲王作寿礼；又掏腰包用一万二千金买下杨翠喜献给载振为妾。段芝贵此举很快收到奇效。清光绪三十三年（公元1907年），奉天、吉林、黑龙江三省设巡抚，署理黑龙江巡抚的，赫然就是段芝贵！

时属于新党的邮传部尚书岑春煊早就对奕劻、袁世凯等人的弄权行为极为不满，一直想抓机会弹劾，段芝贵以性贿赂买官之事给他提供了突破口。在岑春煊的授意下，是年5月7日，瞿鸿禨门生、御史赵启霖出面弹劾段芝贵。朝廷由此将段芝贵的黑龙江巡抚职务撤销，批示交"醇亲王载沣、大学士孙家鼐查办"。

载沣、孙家鼐派人前往天津调查。

一看风声不对，载振紧急将杨翠喜送回天津，交给王益孙，并附上一批丰厚的礼物，要王益孙代为掩饰，证明杨翠喜原是王益孙的偏房小妾。

载沣、孙家鼐非常会做人，向朝廷复命查无实据。御史赵启霖遂被以所奏"奏劾不实"被革职查办。不久，岑春煊也被革职下台。朝野顿时为之哗然。迫舆论压力，载振请辞去农工部尚书的职务。此事，史称为"丁未大惨案"。

在"丁未大惨案"中，袁世凯也被迫解职回家养病。而在宣统小皇帝登基后，武昌革命起义，清政府被迫重新起用袁世凯，段芝贵等新军将领也趁势而起。

不久，袁世凯款使手腕，窃取了革命果实，从孙中山手中接过临时大总统的桂冠。段芝贵也封爵受勋。

王益孙初得杨翠喜，乐不可支。但杨翠喜得知熟人段芝贵已是京师炙手可热的人物，就抛弃了王益孙，投奔了段芝贵。

在那段时间里，杨翠喜频繁参加北洋政府举办的宴会，出入总统府，成了袁世凯宠妾的密友。

在袁世凯称帝期间，杨翠喜积极登场义演造势，为袁世凯歌功颂德。但袁世凯复辟帝制失败，后在绝望中死去。段芝贵在袁世凯复辟帝制失败时悄然离开了北京。杨翠喜便成了一个不祥的女人，最后不知所终。

婉容
溥仪选妃袁世凯和张作霖都想嫁女儿，为什么最后娶了婉容？

尽管溥仪选妃时，清朝已经灭亡了，他也已经退位了，但无论怎么说，他都是当过皇帝的人，格调还是很高的，算是名人，无论谁嫁给他，又无论谁做了他的岳丈，那都是要"名载史册"的。

我们都知道，溥仪最后一任妻子，不过是一个默默无闻的小护士，平头小百姓，但因为和溥仪走到了一起，史书就有她的名字了。人过留名，雁过留声。只要搭上溥仪，就能"名载史册"，何乐不为？

所以不要说溥仪十六岁选妃时还居住在皇宫；就是溥仪五十三岁获特赦出来，还是有许多清朝遗老遗少争着抢着把自己的女儿许配给溥仪的。其中，一个老臣还奉上了自己十五岁的女儿！

溥仪在监狱中已经完成了"新生"，不敢再娶黄花闺女给社会留下话柄，也不敢再挑满人来娶，低调地选择了相貌普通的汉族离异女子李淑贤。

溥仪十六岁选妃时，袁世凯和张作霖都想嫁女儿给他的。

其实，不光袁世凯、张作霖想把女儿嫁给溥仪。民国大总统徐世昌、军阀张勋都也都动过心思，走过门路。他们给溥仪递女儿的小照，希望能与他联姻。其中，袁世凯为了把三女儿袁静雪嫁给溥仪，更是多次通过心腹江朝宗，甚至自己亲自出马，找溥仪的父亲载沣和内务府大臣世续进行活动。但清朝虽然垮台，穷讲究还在。对于皇后的挑选，他们坚守礼制，即只能从满洲八旗中挑选，对于汉人的女儿，一律不予考虑。所以我们看，溥仪的前面四个女人，从婉容、文绣到谭玉龄、李玉琴，都是满人。

那在溥仪十六岁大婚这年，婉容为什么会胜出成为皇后呢？主要是婉容的父亲荣源是内务府大臣。并且，荣源投入了巨资拉关系，据说花了二十万打点后宫的太妃们。当然，婉容也的确貌美如花，仪态雍容华贵，端庄秀美。

婉容是满洲正白旗人，相貌清秀且受到过严苛的淑女教育，琴棋书画无所不能，还会英语。论综合条件，做溥仪的皇后绰绰有余。

补充一下，溥仪与婉容在1922年12月1日举行"大婚"盛典，张作霖派人送去大洋一万元"恭贺新禧"。仅仅一个月之后，即1923年初，张作霖嫁女，溥仪便投桃报李，差人备了两份厚礼：一份是给"张巡阅使"的，三镶白玉如意成匣，大卷绮霞缎八端，绿绣喜字中堂成轴，绿绣红缎喜联成对；另一份给新娘的是，细绣喜字中堂一轴，细绣喜对一副，化妆品两匣，衣料八件。

溥仪将婉容的孩子扔到熔炉中了吗？

婉容的确是背叛了溥仪，婉容与人偷情生下的孩子也的确是在出生后半个小时死亡了，但是否溥仪将之扔到熔炉中，就不可考了。

下面就这两件事详细说一下。

婉容背叛溥仪与人偷情，其实溥仪有很大的责任。

查溥仪生前的病历，明确记载："患者（溥仪）于三十年前任皇帝时就有阳痿，一直在求治，疗效欠佳……有吸烟嗜好，曾三次结婚，均未生育。"婉容是个正常的女人，在这种情况下，就容易出轨。

溥仪自传里有载，婉容空虚寂寞，先后与两名随侍李体育和祁继忠通奸诞下一女，后来孩子死亡，婉容精神失常。

贾英华所著《末代皇帝最后一次婚姻解密》里有提到，婉容怀孕后，纸包不了火，向溥仪摊牌：孩子生下后，溥仪可以承认是溥仪的；如不行，就悄悄放在外边养着。溥仪觉得丢了丑，悄悄遣散了两名随侍，提出离婚。但日本人坚决不同意："哪儿有皇帝与皇后离婚的……"

婉容分娩的时候，身边没有任何医生，只有一个保姆。孩子生下，当时就死了。溥仪后来叫人把死婴扔到炉子里火化掉了。

两名随侍之一的李体育回了北京，后来在北京某中医院工作。溥仪特赦之后，在大佛寺附近。两人工作的地点不远。溥仪并不恨李体育，还去医院看过他，知道他生活不富裕，还接济过他。

贾英华写，他本人曾到医院调查，李体育去世于20世纪70年代初，原本在医院负责饲养用于试验的小动物，人缘不错，还喜欢讲段子，人们称他是"李铁嘴"。他还拿出过"皇后"婉容的照片给人们看，不过没人知道内中隐情。

另一个随侍祁继忠，得了溥仪给他的遣散费，没有回老家过宁静的生活，却去华北当了伪军，最后死得很惨。

对于婉容偷情之事，溥仪在自传中说："她是在一种非常奇特的心理下，一方面有正常需要，一方面又不肯或者不能丢开皇后的尊号，理直气壮地建立合理的生活，于是就发生了私通行为。"

由此看来，婉容的确是背叛了溥仪，但是否溥仪亲手将私生女扔到熔炉中，就不好说了。

文绣
离婚后生活得怎样？

文绣是一个可怜的女子，身上却有许多可亲可敬的地方。她的身世，既特殊又普通，既奇异又平凡。

说她可怜，是因她的前半生任人处置身不由己；说她可亲可敬，是这样一个柔弱女子，过着与世隔绝的生活，能在大是大非的问题上有清醒的认识，坚决站在国家民族大义一边，敢与溥仪相抗争；在争取自由和平等问题上，跨越出了非凡的一步，敢与众多遗老遗少做斗争；与溥仪离婚后，尽管人情似纸，身世飘零，仍积极面对生活，自食其力。真真世之奇女子也！

　　文绣出身于满洲八旗中的额尔德特氏蒙古族，在八旗中属于上三旗的镶黄旗，父亲端恭，曾任内务府主事；母亲为端恭的继配蒋氏。即文绣身上流着一半汉人的血。

　　文绣的父亲端恭死得很早，她姐妹三人由母亲拉扯，在析居花市过着平民生活。八岁时，文绣有幸得读花市私立敦本小学，但到了十二岁，就被迫退学了。由此可知，文绣在小学里学的东西实在有限。

　　之所以被迫退学，是因为清逊帝溥仪到了十五岁，将届"大婚"之年——他虽已退位，但按照《清室优待条例》约定，仍留居紫禁城过着帝王生活，照例要选后选妃。根据清朝制度，后妃人选必须从满蒙王公大臣的女儿中挑选。文绣的五叔华堪觉得文绣年龄合适，家世条件也合，就瞒着她拿她的相片去参加选秀。其实，文绣长得也不好看，但溥仪看着顺眼就圈了她。

　　从此文绣离开了学校进入深宫，过起了与外界隔绝形同幽禁的生活。

　　溥仪看文绣的相片顺眼，但看她本人并不顺眼，对她不闻不问不理不睬，在长达九年的时间里，没和她亲热过一次。小文绣年纪小，什么也不懂，不敢说也不敢问，只能卑微地在无人问津中自生自灭。

　　按《清室优待条例》的约定，溥仪每年都能得到一大笔钱供挥霍，看到文绣喜欢读书，他花钱为她请来英文老师以及名儒传授英语、四书五经、诗词格律。文绣因此学到了许多知识。

1924年，冯玉祥发起"逼宫事件"，文绣袖藏利剪，一度准备自尽。从皇宫出来后，溥仪为图"复辟大业"，一心投靠日本人。文绣强烈反对，在反对无效的情况下，又因长期遭到冷落，与溥仪感情淡薄，几番思量，终于顶着巨大压力，闹出了轰动一时的"刀妃革命"，与溥仪离婚。离婚双方协议的结果是：文绣和溥仪完全断绝关系，溥仪必须支付五万五千银圆作为赡养费，而文绣终身不得再嫁，双方互不损害名誉。

单靠五万五千银圆，肯定不能度完余生——离婚该年，文绣才二十二岁。离婚后的文绣曾用傅玉芳的名字，去北平市私立四存中小学校做了国文与图画课的老师。那一段时光，是文绣有生之年最美好的时光。但是，美好的时光都是短暂的。

当人们知道傅玉芳原来就是末代皇妃文绣，文绣的生活就被打乱了，每天来看热闹的人层出不穷，记者也接踵而来。学校的教学秩序被扰乱，校方只好开除了文绣。

生活没有了着落，文绣只好投靠娘家的表哥刘山。在表哥刘山家，她糊过纸盒，还跟表哥刘山做过挑灰、递砖之类泥瓦工才干的粗活，甚至被迫去街上叫卖香烟。表哥刘山受雇为华北日报社修缮房屋时，得知报社需要校对员，就让文绣前往应聘。文绣凭借自己扎实的国学基础到报社上班，生活才有了一点点改观。

社长张明炜是国民党中央宣传部驻华北特派员，很欣赏文绣的才学。他告诉文绣，日本已经投降，她之前和溥仪制定不再结婚的约定不必再守，想介绍自己的姑表弟刘振东给她。

刘振东是河南人，穷苦人家出身，十七岁应征入伍，在国军队伍中攒了点军功，从士兵一直升到少校，已经四十三岁，当时正在中南海国民党北平行营主任李宗仁部下任职，管理库房。尚未娶妻。

两人见面后，互生情愫，于是婚事就订了下来。

1947年，两人的婚礼在当时有名的"东兴楼"举行，非常隆重。婚后，刘振东把自己二十多年积累的官俸拿出来给文绣支配使用。

1949年，刘振东退役，靠租平板车生活。中华人民共和国成立后，刘振东有立功表现，被解除管制，成为一名环卫工人。文绣夫唱妇随，与丈夫一起出去干活，日子平凡而快乐。

1953年，文绣因心肌梗死，突然病逝，年仅四十四岁。

唐怡莹
溥仪的弟媳，被迫下堂

溥仪共有三个弟弟：二弟溥杰、三弟溥俱和四弟溥任。溥俱在四岁时就早夭，没有婚配。那么，溥仪的弟媳就是溥杰和溥任的老婆。

溥杰有两任老婆，前任老婆为唐怡莹；他和唐怡莹离婚后，娶了日本女子嵯峨浩。

溥任也有两任老婆：前任老婆为金瑜庭，于1971年病逝；1975年又续娶了张茂滢。

嵯峨浩、金瑜庭和张茂滢都是贤良淑惠的好女人，并没有什么风流韵事。

这里特别要说一说的是嵯峨浩。

嵯峨浩是日本人强行许配给溥杰的日本女子，她和溥杰的结合属于政治婚姻，但她品行端正，性格贤惠，对政治不感兴趣，与溥杰结婚后相夫教子十分幸福。

考验他们爱情的时间是1945年到1961年这长达十六年的时间。1945年，日本无条件投降，溥杰和溥仪成为战犯，先在苏联关押了五年，后被押回辽宁抚顺战犯管理所接受改造。1960年，溥杰得到特赦，但因无钱无势，又已年过半百，所以自从他成为战犯后，与嵯峨浩就再也没见过面。1961年，在周总理的帮助下，溥杰才得以和嵯峨浩团聚。就像杨过与小龙女分别十六年，最后重逢，白发厮守，终老古墓。

溥杰和嵯峨浩分别十六年，团聚后两人也再没有分离。嵯峨浩一直陪在溥杰身边，还加入了中国国籍，厮守终生。

既然溥仪的三个弟媳嵯峨浩、金瑜庭和张茂滢都是良家女子，自然就不得不提另一个弟媳唐怡莹了。

唐怡莹身上的确发生了一些风流韵事，但那些风流韵事放在今天来看都很普通，并不值得什么大惊小怪，也没有多少好说道的。

补充一下，大家看到"唐怡莹"这个名字，千万不要以为她是汉族女子，她是满族镶红旗人，本姓他他拉氏，是满洲大贵族，家世显赫（她的姑姑是光绪皇帝的贵妃瑾妃）。

唐怡莹嫁溥杰的时间是1924年，当时溥杰才十七岁什么都不懂，而唐怡莹比溥杰大三岁，已经二十岁，所以比溥杰成熟多了。稍微想一下就可以想到，一个是发育尚未成熟的毛头小子，一个是在花期中绽放的青春熟女，他们的婚姻生活应该不会太和谐。

婚后第二年，唐怡莹通过溥杰结识了张学良，和张学良有过不清不楚的关系。当时，张学良和浙江督军卢永祥之子卢筱嘉、直隶都督张镇芳之子张伯驹、民国执政段祺瑞之子段宏业并称"民国四公子"。通过张学良，唐怡莹又认识了卢筱嘉，和卢筱嘉发生了关系。

唐怡莹和溥杰离婚，并不是溥杰不要她，而是日本人要撮合溥杰和嵯峨浩的婚姻。为了躲避日本人的加害，唐怡莹被迫与溥杰离婚。1949年迁居香港，任教香港大学东方语言学校。

小凤仙
真当得起"侠妓"之名吗？

小凤仙其人相貌普通，文墨不甚通顺，混迹于社会最底层，这种人如果不是因为机缘巧合，与历史名人蔡锷偶有交集，蹭上了轰轰烈烈"护国运动"的流量，只能是营营役役蝼蚁一生，生前无人知晓，身后无人过问。

但现在人们谈论起小凤仙之名，总爱在其前加上"侠妓"二字，满脸流露出敬赏和倾慕之情。

老实说，"侠妓"之誉有点过了。

下面简单扒一下小凤仙其人其事。

小凤仙是北京八大胡同之一的陕西巷云吉班的一个普通青楼女子，其貌不美，又无一才艺，故其名不显，其事不扬，连她自己也不知道生父和生母为谁，可谓身世寒微。

1914年，云南督军蔡锷被袁世凯花言巧语所拉拢，哪料到了北京，便如虎落平阳，龙困浅滩，被袁世凯牢牢控制，失去了自由。为此，蔡锷苦思脱逃之计。

通常脱逃良策有两种，其一是贿赂监禁之人，其二是玩金蝉脱壳。袁世凯的得力谋士杨度早有防范，已把这两条路堵死。

蔡锷最终不得不放大招——效仿历史著名兵法家孙膑逃魏奔齐之计，制造假象，麻痹对手，一有机会就乘隙逃遁。

孙膑为施行此计，说胡话，吃粪便，装疯卖傻，付出的代价太大了。蔡锷脑瓜活，不生搬硬套，他假装不作为，夜夜流连在八大胡同之中，疯狂找青楼女子作乐。蔡锷所找的青楼女子就是小凤仙。

有人会问，为什么是小凤仙？其实没什么特别的原因，蔡锷所需要的不过是一个掩人耳目的道具而已，不管是小凤仙还是小水仙，抑或其他什么小花仙，谁都一样。小凤仙就这样无意中与历史名人、历史事件搭上关系了。

这里补充一句，蔡锷要逃离北京为什么这么难？除了袁世凯手下人的监视之外，最主要的，他的母亲和夫人刘侠贞也都住在北京。他本人要脱逃，也要保证母亲和妻子能全身而退。所以，他做出一副坠入爱河的花痴样，托梁士诒购入前清某侍郎废宅一所并大兴土木，到处扬言是为小凤仙建造华屋。又给小凤仙题词，说她"此际有凤毛麟角，其人如仙露明珠"。他的母亲和夫人按着戏码往下演：夫人刘侠贞不依不饶，找蔡锷闹，双方闹得不可开交，许多家具被打得稀巴烂，六邻四舍都被惊动。袁世凯后来还派王揖唐和朱启钤两人前去调停慰问。蔡锷却铁了心似的，不管不顾地把小凤仙接回家来。刘侠贞于是与他决裂离婚，收拾东西回了娘家。蔡老太太站在儿媳一边骂儿子、打儿子，看媳妇走了，也哭哭啼啼地表示没了媳妇不能活了，于是跟着刘侠贞一起走了。

母亲和妻子已经成功脱逃，蔡锷大大地松了口气。

而袁世凯那边看蔡锷为一个青楼女子闹得家里鸡犬不宁，妻离子散，也对他放松了警惕。这样蔡锷趁人不备，悄悄从小凤仙枕畔离开回到云南，不久便起义反袁，促成二次革命成功。

事情就是这么一个事情。

在蔡锷的心中，应该并没怎么把小凤仙当回事。一个青楼女子，权且充当自己脱逃的工具而已。而且他是付了酬金的。这从蔡锷起义成功后，既未再见小凤仙也未托人照看，甚至只言片语都不寄可以证明。

而小凤仙这边，一来年幼无知不谙世事，二来情窦初开，她把蔡锷说的要为她买宅盖房和迎归蔡家等抛给袁世凯的烟幕弹全部当真了，对蔡锷爱得死去活来。

后人尤其是无聊文人，自然不肯放过这么好的题材，不断脑补自行加入自己大量的想象，糅合入古典小说中红拂女风尘识李靖、梁红玉情结韩世忠的故事情节，重新演绎了一出近代版的英雄与美女悲壮剧，把小凤仙描绘成才貌色艺俱佳、红极一时的名妓，又说她深明大义，密切关注国家民族的命运，最终为大爱舍小爱，与敌对势力斗智斗勇，无比机智地掩护蔡锷脱逃。"侠妓"之名，也就因此而起。

这些文人，还在故事中替蔡锷写了一副对联送给小凤仙，说什么"自古佳人多颖悟，从来侠女出风尘"。又说小凤仙后来在蔡锷葬礼上写了一副挽联"不幸周郎竟短命，早知李靖是英雄"。这些全属胡编。

小凤仙不过粗识文墨，哪懂撰写什么对联？

1916年，人们在北京中央公园（今北京中山公园）公祭蔡锷时，小凤仙的确是送了一副挽联致祭。但这副挽联是她请大名士易宗夔代撰的，很有名。其词为：

　　九万里南天鹏翼，直上扶摇，怜他忧患余生，萍水相逢成一梦；
　　十八载北地胭脂，自悲沦落，赢得英雄知己，桃花颜色亦千秋。

　　蔡锷一死，小凤仙的故事就结束了。但1951年4月，她又在历史的长河里露了会儿头。

　　当时，京剧艺术大师梅兰芳率剧团去朝鲜慰问赴朝参战的志愿军，途经沈阳演出，下榻于东北人民政府交际处的招待所。小凤仙就流落在沈阳，因穷困潦倒，她写了封信向梅兰芳求助。梅兰芳的秘书许姬传读了该信，认为文辞较浅，断言其文化程度不高。

　　许姬传在其所著《许姬传七十年见闻录》交代，梅兰芳后来约见了小凤仙，会面时梅兰芳夫妇、许姬传、姚玉芙四人在座。梅兰芳问她："你幼年时的家世，怎样流落在烟花队里？"

　　小凤仙的回答，基本涵盖了电影《知音》里的全部内容。

　　小凤仙的回答是这样："我的父亲姓朱，母亲是偏房，大老婆瞧我们不顺眼，母亲带我离开朱家单过。母亲死了，姓张的奶妈抚养我，所以我姓张。辛亥年，奶妈在浙江抚台曾子固将军家帮佣，革命军炮轰曾府，奶妈带我逃到上海，把我押给姓胡的学戏，到南京卖唱为生。十三岁那年，正遇张勋攻打南京，我跟胡老板逃回上海。以后到北京陕西巷云吉班卖唱做生意，就认识了蔡将军。是老蔡出钱替我赎的身，我才回到奶妈身边，仍在云吉班做生意。"

看，小凤仙的故事，实在是乏善可陈。

至于她的样貌，蔡东藩先生说她"相貌不过中姿"；而熟知其人的陶菊隐先生也说她"并不十分漂亮"。

故事和传说永远那么动听和让人神往，现实往往是骨感十足。

赛金花
这个"侠之大者"的真实事迹有点尴尬

赛金花的故事流传很广，约略了解一点晚清历史的人都知道北京八大胡同有一个叫赛金花的妓女兼老鸨爱国爱民，在国家民族危难之时做出了巨大贡献。

但传说只是传说，传说代替不了历史。历史工作者，应该还传说于历史，让人们认识真实原貌的东西，而不是相信道听途说的谣传。

把赛金花塑造成伟大的爱国主义者，就跟郭沫若历史剧《屈原》无限拔高屈原和姚雪垠长篇历史小说《李自成》无限拔高李自成一样，是当时时代的需要，目的是唤醒民心和重振国民士气的需要。

时人小说及戏剧写的演的赛金花，赛金花读了看了也许觉得完全陌生，小说和戏剧里的人根本就不是自己。后世演的拍的关于赛金花的电视剧、电影，赛金花九泉下有知，也同样不会识得剧中人。

不管如何，赛金花的人生多少都是有些传奇意味的。她原是安徽黟县人，初名傅彩云，幼年被卖到苏州河上"花船"为妓。

光绪十三年（公元1887年），苏州名士洪钧到"花船"寻欢，初遇十五岁的彩云，不可自拔；日久情深，干脆为之赎身，纳为小妾。

洪钧是同治七年（公元1868年）的状元，此年已四十八岁，为内阁学士，在京任礼部侍郎。他在京做官做得好好的，怎么跑回苏州寻花问柳啦？因为这年洪钧的母亲去世，他是回乡守孝了。说好的回乡守孝，却守到花船上来了。这也说明，洪钧是一个非常开放洒脱的人，绝非普通陈腐儒生可比。从他不顾世人眼光，大大方方地把烟花女子彩云迎娶回家，也充分验证了这一点。

非但如此，光绪十三年，洪钧充任出使俄国、德国、奥地利、荷兰四国外交大臣时，还带彩云一道出洋，云游海外。

光绪十三年（公元1887年）到光绪十六年（公元1890年），是彩云人生中最快乐的三年。在这三年时光里，彩云结识了不少欧洲名流。洪钧于光绪十六年回国后，彩云的外交官夫人生涯就结束了。

光绪十九年（公元1893年）八月二十三日，五十五岁的洪钧病死，彩云的好日子也就到头了。她在送洪氏棺柩南返苏州途中潜逃至上海，重操旧业改名"曹梦兰"为妓，后又改名"赛金花"，混迹于天津。

光绪二十五年（公元1899年）赛金花重返北京，住在西单石头胡同，先后在高碑胡同、陕西巷挂牌营业，既做妓女又做老鸨。

1903年4月，赛金花因涉嫌虐待幼妓致死入狱，5月被递解回苏州，不久被释出狱。

出狱后的赛金花生活穷困潦倒，住在北京靠近天桥的贫民窟，一条叫作居仁里的小胡同里。期间，她曾得到过张学良、徐悲鸿、齐白石、李苦禅等知名人士的接济，病死于1936年。

让赛金花得到爱国者称号的事件是：庚子年（即1900年），八国联军攻陷北京，赛金花因有旅德经历能说德语，由她出面与德国士兵交谈，并与旅欧时结识的老情人、时为八国联军统帅的瓦德西接上了头，劝阻瓦德西不要滥杀无辜，起到了保护北京市民的作用。

1933年，老无所依的赛金花央人写了一张呈文要求免除房捐，北平《小实报》的记者发现了其中的热点，到赛家采访后，在报上大加炒作瓦赛情史。随后，《晨报》《大公报》《北京晚报》《庸报》等各报记者轮番对赛金花进行采访报道，赛金花的名字开始家喻户晓。

曾朴干脆以赛金花为原型，写出了"清末四大谴责小说"之一的《孽海花》。

樊增祥更以赛金花与瓦德西的恋情为主线，作长篇歌行《前彩云曲》和《彩云后曲》，被时人比之为吴伟业之《圆圆曲》。

五四时期的著名诗人、大学教授刘半农和学生商鸿逵也通过采访赛金花本人，写出年度畅销书《赛金花本事》。

关于救国救民的高尚表现，赛金花表现得很平淡，她对记者们不止一次地说："国家是人人的国家，救国是人人的本分。"据说这句话赛金花曾亲笔题写有条幅，现在还存在博物馆中。也因为这句话，著名画家张大千专门为赛金花作了肖像画，齐白石也在赛金花死后为她题写墓碑。

不过所谓的瓦赛情史，非常可疑。八国联军统帅瓦德西其实是个时年已六十八岁的老头子，真可能与赛金花有着这样一场跨国之恋吗？而赛金花是否出面做过调停，是否保护过北京百姓，是否对辛丑和约起过积极作用，查遍所有正史均无迹可寻。

丁士源是赛金花在北京石头胡同开妓院时的老主顾，他在《梅楞章京笔记》中说，赛金花的嫖客中有一个是为德军做翻译的葛麟德，赛金花与德国军队有生意往来，又时常请葛麟德帮忙处理胡同邻居与外国军人之间的各种纠纷，和葛麟德很熟。某天，赛金花曾易装为男子，想和丁士源一起，通过葛麟德带入中南海开开眼界，孰料未能进去。丁士源后来略带遗憾地把这件事告诉了朋友钟广生和沈荩。这两个好事之徒于是添油加醋写了假新闻，说赛金花如何被瓦德西看上，被召入紫光阁，从而发生男女情爱的奇妙事件，分别投到上海的《游戏报》和《新闻报》，造了一个天大的谣。钟广生和沈荩虚构编造出来的"瓦赛情史"成了曾朴《孽海花》和樊樊山前后《彩云曲》等文学作品的创作素材，越炒越热。赛金花本人为了自抬身价，也将错就错顺水推舟，捏造所谓口述自传，于是便演绎出一段令局外人信以为真的文史铁案。

京剧专家齐如山自述"我和赛金花虽然不能说天天见面，但一个星期之中，至少也要碰到一两次，所以我跟她很熟"。在他的回忆中，赛金花绝对不可能认识瓦德西：第一，她只能说两句日常的德国话，根本不够谈国事；第二，有两次他见到赛金花时，她都与下层军官在一起，听到瓦德西要走过来了，大家都露出仓皇的神色，不希望让主帅看到自己和中国妓女在一起，由此证明二人绝不相识。

现在，随便找几篇当年人们对赛金花的访谈来看，也发现赛金花本人的叙述颠三倒四，自相矛盾。例如，她对刘半农与商鸿逵自述身世时，完全未提及在欧洲是否与瓦德西相识；而曾繁采访她写《赛金花外传》时，她就坦承自己和瓦德西是老相识。对于人们最感兴趣的庚子年间的"瓦赛情史"，赛金花本人矢口否认："我同瓦的交情固然很好，但彼此间的关系，确实清清白白。"她声明自己所作所为，全是无私的侠义行径：八国联军在北京城中肆意杀人，她便向瓦德西进言，称义和团早就逃走了，剩下的都是良民，实在太冤枉。瓦德西听后下令不准滥杀无辜，因此保全了许多北京百姓。

总之，无论是赛金花的自述，还是八卦娱乐报道，抑或是文学作品，赛金花应该是一个"侠之大者"的侠妓，足以与前辈人物梁红玉一同名垂千古。但我们应该相信，丁士源、齐如山叙述的赛金花，才是真实的赛金花。

参考文献

[1]（汉）司马迁撰，（刘宋）裴骃注. 司马贞注. 张守节注. 史记. 北京：中华书局，1959.

[2]（东汉）班固撰，班昭续，（唐）颜师古注. 汉书. 北京：中华书局，1962.

[3]（南朝宋）范晔撰，（唐）李贤注. 后汉书. 北京：中华书局，1965.

[4]（北宋）司马光撰，（元）胡三省注，顾颉刚等点校. 资治通鉴. 北京：中华书局，1956.

[5]（唐）杜佑撰，王文锦等点校，通典. 北京：中华书局，1988.

[6]（北宋）李防，李穆等编. 太平御览. 北京：中华书局，1985.

[7] 钱穆. 国史大纲. 北京：商务印书馆，2005.

[8] 翦伯赞. 秦汉史. 北京：北京大学出版社，1983.

[9] 祝总斌. 两汉魏晋南北朝宰相制度研究. 北京：中国社会科学出版社，1998.

[10] 张泽咸. 汉晋唐时期农业. 北京：中国社会科学出版社，2003.

[11] 吕思勉. 先秦史. 马东峰等编. 北京：北京理工大学出版社，2018.

[12] 吕思勉. 秦汉史. 马东峰等编. 北京：北京理工大学出版社，2018.

[13] 吕思勉. 两晋南北朝史（上、下）. 马东峰等编. 北京：北京理工大学出版社，2018.

[14] 吕思勉. 隋唐五代史（上、下）. 马东峰等编. 北京：北京理工大学出版社，2018.

[15] 邓之诚. 宋辽金夏元史. 马东峰等编. 北京：北京理工大学出版社，2018.

[16] 孟森. 明史讲义. 马东峰等编. 北京：北京理工大学出版社，2018.

[17] 孟森. 清史讲义. 马东峰等编. 北京：北京理工大学出版社，2018.

[18] 蒋廷黻. 中国近代史. 马东峰等编. 北京：北京理工大学出版社，2018.